PUBLICATION

de la REVUE GÉNÉRALE ET DE L'ÉTAT-MAJOR

L'ARMÉE ESPAGNOLE

PAR

M. ROMUALD BRUNET

CAPITAINE DE CAVALERIE DE L'ARMÉE TERRITORIALE

OFFICIER D'ACADÉMIE

PARIS

LIBRAIRIE MILITAIRE BERGER-LEVRAULT ET Cie

Éditeurs de la Revue générale et de l'État-major

5, RUE DES BEAUX-ARTS, 5

LIBRAIRIE MILITAIRE BERGER-LEVRAULT ET Cie

L'Armée espagnole. Notes, souvenirs et impressions de voyage, par le capitaine DE SÉRIGNAN, ancien professeur à Saint-Cyr. 1884. Un volume in-8° de 206 pages, broché . . . . 3 fr.

La Guerre de montagnes pendant la dernière insurrection carliste en Catalogne (1872-1875), par DE LA LLAVE Y GARCIA, commandant du génie espagnol. Traduit par A. JOUART, chef d'escadron d'artillerie. 1884. Un volume in-8°, avec une carte et 21 plans, croquis et portraits; broché. . . . . 6 fr.

Les Transformations de l'armée française. Essai d'histoire et de critique sur l'état militaire de la France, par Ch. THOUMAS, général de division en retraite. 1887. 2 volumes grand in-8°, brochés. 18 fr.

Conférences sur l'administration militaire, par L. CASTEX, sous-intendant militaire, professeur à l'École supérieure de guerre. 1889. Un volume grand in-8° de 658 pages, broché . . . . 10 fr.

Stratégie et grande tactique, d'après l'expérience des dernières guerres, par le général PIERRON. Tome I. 1887. Volume grand in-8° de 656 pages, avec figures et planches, broché. . . . . . . 10 fr.
— Tome II en préparation.

État militaire des principales puissances étrangères au printemps 1886, par S. RAU, lieutenant-colonel du service d'état-major, 4e édition, revue et mise à jour. Un vol. in-12 de 531 pages, broché. 5 fr.

Les Capitulations. Étude d'histoire militaire sur la responsabilité du commandement, par Ch. THOUMAS, général de division en retraite. 1886. (Ouvrage couronné par l'Académie française.) Volume in-12 de 301 pages, broché . . . . 5 fr.

De l'Empire allemand. Sa constitution. Son administration, par C. MORAIN, sous-intendant militaire. 1885. Un volume grand in-8° de 198 pages, broché. . . . . 7 fr. 50 c.

Français et Russes. *Moscou et Sévastopol,* 1812-1854, par Alfred RAMBAUD, professeur à la Faculté des lettres de Paris. 3e édition. 1888. Un volume in-12, broché . . . . 3 fr. 50 c.

Règlement du 23 mai 1887 sur le service en campagne de l'armée allemande. Traduit de l'allemand par le commandant PERROUX, chef d'état-major de la 26e division d'infanterie. 1887. Un volume in-12, broché . . . . 2 fr. 50 c.

Marche de Lang-Son à Tuyen-Quan. Combat de Hoa-Moc. Déblocus de Tuyen-Quan, par le capitaine LECOMTE, attaché à l'état-major du corps expéditionnaire du Tonkin. 1889. Volume in-8° avec 10 cartes et croquis hors texte, broché . . . . 3 fr. 50 c.

Revue générale et de l'État-major (*Revue militaire des Deux-Mondes*), paraissant en 12 livraisons mensuelles. 2e année, 1889. — Chaque livraison comprenant environ neuf feuilles grand in-8°, avec cartes, plans, dessins. — Chaque année formera 4 volumes avec tables et couvertures.

Prix par an : France, Algérie, Tunisie . . . . 25 fr.
Colonies et Union postale . . . . 30 fr.
Prix de la première année (semestre de juillet à déc. 1888) : 16 fr.

Nancy, imp. Berger-Levrault et Cie

L'ARMÉE ESPAGNOLE

NANCY, IMPRIMERIE BERGER-LEVRAULT ET Cie

PUBLICATION
de la REVUE GÉNÉRALE ET DE L'ÉTAT-MAJOR

L'ARMÉE ESPAGNOLE

PAR

M. ROMUALD BRUNET

CAPITAINE DE CAVALERIE DE L'ARMÉE TERRITORIALE
OFFICIER D'ACADÉMIE

PARIS
LIBRAIRIE MILITAIRE BERGER-LEVRAULT ET Cie
Éditeurs de la Revue générale et de l'État-major
5, RUE DES BEAUX-ARTS, 5

L'ARMÉE ESPAGNOLE

INTRODUCTION.

De nos jours, l'étude des armées étrangères s'impose pour connaître leur organisation et les progrès qu'elles réalisent constamment.

Si les bases fondamentales de l'art de la guerre sont immuables, la loi de perpétuelle transformation accomplit sans cesse son œuvre. De là, pour les armées, des changements considérables dans le recrutement, dans l'armement et dans les méthodes de combat. L'art de la guerre est sujet à des modifications importantes, conséquence inéluctable des conquêtes de la science. Aujourd'hui les moyens d'action prennent des proportions fabuleuses et opèrent forcément de véritables révolutions dans l'organisation des armées. Le principe du service obligatoire pour tous, appliqué à peu près dans tous les pays, a jeté des perturbations profondes dans l'art de la guerre.

D'après cette nouvelle institution militaire, le problème à résoudre consiste à mobiliser et à concentrer rapidement toutes les forces dont on peut disposer. Voilà pourquoi il est bon de connaître l'organisation défensive et offensive de chaque peuple.

Parmi les armées intéressantes à étudier, et sur lesquelles, suivant nous, on a trop peu écrit, nous citerons l'armée espagnole.

Toutes les nations ont eu de grandes époques, d'illustres capitaines; sous ce rapport, la nation espagnole n'a rien à envier à ses rivales. Rien d'étonnant, quand on connaît le dévouement que professent les Espagnols pour leur patrie, pour leurs chefs. La vie militaire de ce peuple est pleine de traditions glorieuses et l'honore.

L'art de la guerre en Espagne peut être divisé en quatre périodes[1] :

1° Depuis l'arrivée des Carthaginois en Espagne jusqu'à celle des Sarrasins ;

2° Depuis Pélage jusqu'aux rois catholiques ;

3° Depuis les rois catholiques jusqu'à l'arrivée au trône de la maison de Bourbon ;

4° Depuis Philippe V jusqu'à nos jours.

La première période, que nous appellerons la période primitive, nous montre que le peuple goth était tenu au service obligatoire ; les riches devaient armer la dixième partie de leurs esclaves.

L'armée gothe se divisait en infanterie et en cavalerie. La cavalerie était moins nombreuse que l'infanterie. L'unité tactique comprenait 1,000 hommes d'infanterie et de cavalerie. Le chef de l'infanterie s'appelait : *Milenario*, et celui de la cavalerie : *Tuifado*.

Le général en chef prenait le nom de *Président de l'armée*. Les *Annonarios* étaient chargés de l'administration et les *Compulsores* du recrutement.

Chaque bande avait un drapeau.

Les armes défensives étaient le heaume ou casque, la cuirasse, le bouclier et les brassards ; les armes offensives, la pique, la lance et l'épée. Les projectiles consistaient en dards et en flèches à pointes d'acier. Les Goths maniaient la fronde avec beaucoup d'adresse et pratiquaient avec ardeur les exercices militaires ; ils se servaient aussi du dard teutonique et de la hache française.

La législation militaire était formée d'une compilation des lois faites par les rois goths après la chute de l'em-

---

1. *Histoire militaire de l'Espagne*, par Romuald Brunet.

pire romain. Cette compilation a été l'origine du premier Code en Europe.

Les peines disciplinaires consistaient en confiscation de biens, bannissement, peine du fouet, décalvitie, amendes. La peine capitale n'atteignait jamais ceux qui se réfugiaient dans les endroits sacrés.

Comme récompenses, on donnait des armes, des chevaux, des grades, des terres.

Les évêques, qui possédaient une instruction bien supérieure aux autres classes de la société, étaient seuls chargés des ambassades militaires.

Quant aux campements, ils étaient semblables à ceux des Romains, soit pour se retrancher, soit pour se garantir de l'intempérie des saisons.

D'après certains indices probants, les Goths se servaient, pour l'attaque, de machines de guerre romaines. Pour la défense, ils employaient le fossé, la tranchée et la palissade; ils fortifiaient les villes et les points stratégiques.

— La deuxième période nous montre déjà les progrès sensibles de l'art militaire. Dès le IXe siècle, l'*infanterie devient la reine des batailles*, tous ceux en état de porter les armes étaient soldats, les ecclésiastiques se couvraient d'armures guerrières.

A cette époque, les Espagnols ne possédaient aucune tactique, mais ils se servaient de formations régulières. Les armées comprenaient plusieurs corps, sous les ordres d'un *commandant* avec un *adalide* ou *maître de camp* comme *chef d'état-major*.

L'infanterie avait pour armes défensives: le bouclier et l'espadon attaché à une courroie en cuir, et pour armes offensives: la hallebarde, la pertuisane, la lance de massier, la lance courte du cavalier et la dague.

L'infanterie, suivant les armes, se divisait en piquiers, en archers et en arbalétriers ; les hommes de l'infanterie portaient le nom de fantassins.

La législation subit peu de changements.

Les peines étaient : la mort, la décalvitie, la mutilation, la réclusion, la confiscation des biens, etc.

Les récompenses étaient les mêmes que celles dont nous avons parlé précédemment. Le caractère religieux de l'époque amena la création d'ordres militaires et la profession de chevalier.

Les ordres de la *Encuia* et des *Templiers* n'eurent pas de durée. Ceux de *Santiago*, de *Calatrava*, d'*Alcantara* et de *Montesa* existent encore en Espagne.

Les ordres militaires contribuèrent à entretenir l'esprit belliqueux.

L'emploi de l'artillerie au xive siècle opéra une véritable révolution dans l'art de la guerre, les projectiles devaient l'emporter sur la pointe des sabres.

Suivant les principaux chroniqueurs du temps, l'artillerie a été introduite en Espagne par les Arabes, vers le xiie siècle. Au musée d'artillerie de Madrid on peut admirer une fort belle collection de pièces d'artillerie depuis cette époque jusqu'à nos jours.

Au xiie siècle, les Maures de Tunis et de Séville employèrent pour la première fois la poudre et usèrent de coups de mousqueterie et de coups de canon dans une bataille navale.

Dans les premières années du même siècle (1118), Alphonse le Batailleur assiégea Saragosse et se servit d'une machine traînée par des bœufs. Ce nouvel engin lançait des projectiles d'un grand poids et produisait des effets inconnus jusqu'alors.

L'usage de la poudre pour des armes réduites est postérieur. La poudre enflammée et tous ces feux divers qu'on voyait dans les combats provenaient de canons de différents calibres, parmi lesquels nous citerons la *bombarde*, pièce d'artillerie grosse et courte avec une ouverture fort large, et le *fauconneau*, pièce de plus petite dimension. Le fauconneau était un perfectionnement des armes à feu et un acheminement vers les mousquets portatifs et les arquebuses du XVe siècle, époque où l'usage de l'artillerie se généralisa et où les armes portatives entrèrent dans l'armement du soldat. Les premières armes réduites furent le *mousquet à mèche*. Les armes perfectionnées dans ce genre furent celles *à roue*; ensuite, celles *à bassinet* : *l'espingole* et *l'arquebuse*. Le comité d'artillerie était encore dans l'enfance; les *servants* des pièces se recrutaient parmi certains praticiens absolument distincts de la troupe. Le corps des *pétardiers* était chargé de l'emploi des pétards et celui des *conducteurs* comprenait les hommes qui traînaient les pièces.

— La troisième période fut féconde en progrès de tous genres.

La création de la première *armée permanente* en Espagne, sous le nom d'*Hermandades*, remonte au milieu de l'année 1475. L'institution des Hermandades était une sorte de confrérie que le peuple forma, et particulièrement dans la Navarre, pour se garantir du meurtre et du pillage, et purger le pays des brigands. Chaque centaine de bourgeois entretenait un cavalier, âgé de vingt ans au moins et de soixante au plus; le service de ce cavalier durait quatre mois. Ce corps comprit d'abord 2,000 hommes répartis dans un certain nombre d'escadrons dont chacun était commandé par un capitaine.

D'un dévouement sans bornes à la Couronne, ces troupes jouissaient d'une grande autorité et d'un prestige énorme; elles se distinguèrent en maintes circonstances, aussi bien à l'intérieur qu'à l'extérieur.

Les rois catholiques fondirent ce corps dans une création nouvelle : *les Gardes de Castille*, qui n'étaient pas seulement à leur service, mais encore à celui de leurs alliés. L'armement des Gardes de Castille consistait dans la cuirasse, le brassard, la lance, l'épée et la dague.

En 1504, on créa une compagnie de soldats pour le service des personnes royales. Cette compagnie prit le nom de *Garde Amarilla*, à cause de la couleur de l'uniforme.

Enfin, grâce au fameux capitaine Gonzalez de Ayora, l'unité tactique devint la compagnie; plusieurs compagnies furent réunies sous le commandement d'un officier avec le titre de colonel.

L'armée permanente était encore dans l'enfance, mais les troupes déjà percevaient régulièrement leur solde et présentaient un coup d'œil uniforme régiment par régiment. Les régiments prirent, au XVIe siècle, le nom de *tercios*; ils comprenaient chacun 3,000 hommes et étaient désignés non par des numéros comme dans d'autres armées européennes, mais par des noms de pays, en mémoire de leurs hauts faits en Italie: tercio de *Lombardia*, tercio de *Sicilia*, etc. On désigne les régiments par des noms de pays encore de nos jours: on dit le régiment de *Vitoria*, le régiment de *Ségovie*, etc.

Chaque tercio était à 12 compagnies; chaque compagnie comprenait 250 hommes commandés par un capitaine. Le chef le plus élevé du tercio prenait le titre de maître de camp et celui le moins élevé, de sergent-major.

Avant la bataille de Pavie, l'infanterie espagnole était armée de piques et d'arquebuses; il y avait plus de piquiers que d'arquebusiers. Les résultats qu'obtinrent les arquebusiers espagnols sur la fameuse cavalerie française, firent renoncer à peu près partout en Europe à l'armement de la pique.

Les armes offensives de la grosse cavalerie étaient la lance; celles de la cavalerie légère, l'arquebuse; quelques cavaliers portaient un marteau qui remplaçait l'ancienne masse d'armes.

Par suite de cette transformation, la cavalerie se divisa en *lanciers*, *arquebusiers* et *petits forgerons*.

Les brassards de cuir, le casque et la cuirasse étaient les seules armes défensives en usage.

L'artillerie joua de plus en plus un rôle primordial dans les combats; elle suivait tous les mouvements tactiques de l'infanterie; les pièces de gros calibre étaient placées au centre de la ligne de bataille; l'artillerie légère, composée de fauconneaux, prenait position aux ailes ou s'espaçait sur le front de la ligne d'action.

L'artillerie comprenait un corps d'officiers et de soldats dit corps des ingénieurs chargés de lever les plans, un corps de mineurs, un corps d'artificiers, et enfin un tribunal appelé prévôté.

Les *vérificateurs*, les *trésoriers* et les *majordomes* avaient la direction de l'administration. La solde était réglée, avant la revue, suivant le grade de chacun.

Tous les délits étaient punis conformément aux lois du royaume.

Les récompenses consistaient en fonctions, privilèges et honneurs militaires.

Le *corregidor* était chargé de faire la distinction entre les habitants et les soldats. Ce magistrat avait donc des pouvoirs assez étendus.

L'armée espagnole, à cette époque, était au moins égale à ses rivales; de là datent réellement les grandes traditions militaires de l'Espagne.

Vers le milieu du XVIIe siècle, le *fusil à baïonnette* remplaça l'arquebuse. La transformation de l'arme de l'infanterie augmenta son importance et diminua celle de la cavalerie.

En 1693, on tâcha de répartir équitablement l'impôt du sang par le recrutement du cinquième des habitants ou d'engagés volontaires.

La cavalerie n'avait plus la lance, mais le marteau. Les compagnies indépendantes de cavalerie formèrent des régiments, commandés par des brigadiers. Le recrutement de l'arme était assuré par une bande, chargée de ce service, et connue sous le nom de *recruteurs de l'étendard*. Dans la cavalerie, on distinguait les *dragons* ; ce corps, en Espagne, est de création ancienne et remonte même au temps de la domination romaine. Plus tard, les dragons prirent le nom de *fusiliers à cheval*. Les dragons ont toujours combattu tantôt à pied, tantôt à cheval. De nos jours, les cavaleries légère et de ligne deviennent, suivant les circonstances, de l'*infanterie rapide*.

Du milieu du XVIe siècle jusqu'à la fin du XVIIe siècle, les pièces d'artillerie peuvent se diviser en trois catégories : celles pour se battre en rase campagne, celles pour démanteler les remparts et, enfin, celles pour couler les navires. La puissance du calibre établissait seule la différence.

La fortification, dans les temps primitifs, se perfectionna en raison des moyens d'attaque ; les murs étaient droits avec des angles saillants et rentrants, et flanqués de tourelles espacées.

Lors de la découverte de la poudre, les moyens d'attaque augmentèrent en même temps que ceux de la défense.

Le célèbre ingénieur français Vauban inventa, pour attaquer les places, une nouvelle méthode qui comprenait trois parallèles ; il perfectionna en même temps les moyens de défense des places et se servit de l'eau, toutes les fois qu'il en eut la possibilité. C'est à lui que l'on doit le *tir à ricochets*.

L'art de la guerre fait alors de grands progrès ; l'*armée moderne* est créée. Infanterie, cavalerie et artillerie adoptent de nouvelles formations de combat en rapport avec les conquêtes de la science militaire.

— La quatrième période comprend une vraie révolution dans l'art de la guerre. Du commencement du XVIIIe siècle jusqu'à nos jours les progrès sont incalculables. Le cadre de ce simple exposé ne nous permet pas d'entrer dans de grands détails ; nous le regrettons vivement, car cette période est particulièrement intéressante. Jetons d'abord un coup d'œil rapide sur l'armée au XVIIIe siècle, puis nous passerons au XIXe.

Philippe V remplaça les Allemands dans le service royal par 2 régiments dits de la Garde à 3,000 hommes chacun, soit en tout 6,000 hommes.

De 1701 date la création des conseils de guerre ordinaires pour punir les fautes de discipline, la désertion, les défis, et faire respecter, en un mot, les règlements.

La force de l'infanterie de marine fut fixée.

On organisa les *tercios* en *régiments* à 12 compagnies chacun, dont 1 de grenadiers (1704).

Le 16 octobre de la présente année, Alphonse V plaça un *directeur général* à la tête de l'infanterie à la place d'un *commissaire général*.

Deux ans plus tard, on institua la *caisse des invalides* pour subvenir aux dépenses des officiers et soldats admis aux Invalides.

La même année (1706), les régiments se fractionnèrent chacun en deux bataillons.

En 1715, l'équipement de l'infanterie fut réglementé de telle sorte que les frais étaient supportés par le fonds de la *grande masse* et par le fonds de la *petite masse*.

Le régiment des *miquelets catalans* ou fusiliers de montagne fut organisé en 1735.

Plus tard, on créa les emplois de commandant et de porte-drapeau (1760).

Les miquelets catalans furent remplacés en 1762 par deux régiments de volontaires d'Aragon et de Catalogne, à 2 bataillons chacun ; ces bataillons comprenaient 6 compagnies.

A la fin de 1768, les régiments d'infanterie étaient formés de 2 bataillons à 9 compagnies chacun, dont 8 de fusiliers et 1 de grenadiers.

Une excellente innovation, en 1786, fut celle des inspections générales d'infanterie.

Depuis plusieurs années déjà les réserves étaient organisées, les milices provinciales furent assimilées aux corps de l'armée active et mobilisées trois jours par trimestre (1734).

En 1765, l'organisation des milices comprit 42 régiments à 1 bataillon chacun, de 840 hommes, répartis dans 8 compagnies dont 1 de grenadiers et les autres de chasseurs. La force de ces bataillons ne fut plus que de 400 hommes en 1772.

Au XVIIIe siècle, l'armement de l'infanterie espagnole comprenait un fusil de calibre 16, armé d'une baïonnette et se chargeant avec une baguette en bois qui fut remplacée plus tard par une baguette en fer.

Depuis 1762 jusqu'à la fin du XVIIIe siècle, l'armement de l'infanterie subit des modifications peu importantes. Les troupes légères avaient un fusil à baïonnette, une giberne et un pistolet; en 1777, les chefs portaient l'épée.

La cavalerie fut également réorganisée par Philippe V, qui prit pour modèle la belle cavalerie française.

On créa des tercios ou régiments de dragons dont l'armement se composait d'une arquebuse avec baïonnette, d'un pistolet et d'une épée. Les dragons passèrent ensuite cavalerie de ligne.

L'organisation des gardes du corps date de 1704.

L'ordonnance de 1718 régla ainsi la composition de la cavalerie : 21 régiments à 3 escadrons chacun; 3 régiments formaient une brigade.

En 1722, on organisa le corps des cadets et, en 1730, une brigade de carabiniers royaux, répartis en compagnies, et une brigade de grenadiers royaux, également répartis en compagnies.

En 1762, on créa des escadrons de cavalerie légère sous le nom de *Volontaires d'Espagne*.

Pendant la guerre avec la République française, l'armement du cavalier, composé alors d'un mousquet, d'un pistolet et d'un sabre, comprit un fusil à baïonnette, un sabre courbé et des pistolets.

Au commencement du XVIIIe siècle, l'artillerie avait à sa tête un capitaine général d'artillerie.

En 1702, fut rattaché au corps de l'artillerie le bataillon d'arquebusiers.

Quatre ans plus tard, le corps de l'artillerie prit assez d'importance pour être réparti en six départements.

Le régiment de l'*artillerie royale d'Espagne* fut constitué en 1710 avec l'état-major d'un lieutenant-général; il comprenait 3 bataillons à 12 compagnies chacun, dont 3 d'artilleurs, 1 de mineurs et 8 de fusiliers.

On créa trois écoles d'artillerie pour l'enseignement théorique et quatre pour l'enseignement pratique; en Catalogne on ajouta, en 1718, 1 compagnie d'ouvriers.

L'emploi de capitaine général d'artillerie fut supprimé et rempli d'abord par les inspecteurs généraux d'infanterie, ensuite par un inspecteur général d'artillerie.

En 1741, on forma l'état-major du corps de l'artillerie avec 140 officiers de toutes les armes, mais de préférence de l'artillerie royale.

En 1762, toutes les sections d'artillerie furent réunies sous le nom de *Corps royal d'artillerie.*

A partir de 1764, les officiers d'artillerie sortirent du corps des chevaliers cadets et de l'Académie de Ségovie.

Les principales fonderies furent celles de Séville, de Valence et de Barcelone; celle de Valence dura peu.

La première artillerie à cheval date de 1777. On comprit enfin qu'il fallait alléger l'artillerie. Le célèbre Gribeauval est un de ceux qui a fait faire le plus de progrès à l'artillerie volante à cheval et qui peut même en revendiquer la paternité. Le savant ingénieur français établit de nouveaux affûts pour les batteries de côtes; un mortier de sa composition porte son nom; ses calculs servent encore aux ingénieurs.

Au XVIIIe siècle, la défense et l'attaque des places furent très perfectionnées en raison des progrès de l'art militaire. Des ouvrages importants furent construits à Figuières, à Badajoz et autres villes de la péninsule. Vauban eut en Espagne de nombreux imitateurs.

Le corps des ingénieurs fut rattaché, jusqu'en 1710, à l'artillerie. A partir de cette époque, il s'administra lui-même et comprit trois classes d'ingénieurs, excepté de 1756 à 1768 où ce service fut rattaché encore à celui de l'artillerie.

En 1773, le corps des ingénieurs ou le génie se divisa en deux directions : celle des académies militaires et celle des fortifications. Dix ans plus tard, on créa une direction pour les ponts, les édifices d'architecture civile, les canaux d'irrigation, etc., sous le commandement d'un *ingénieur général*.

Au XVIIIe siècle, l'état-major était composé d'adjudants sous les ordres des généraux; la plupart sortaient de l'artillerie et du génie.

L'influence de la Révolution sur l'art de la guerre est indiscutable. L'échiquier tactique donna toujours une large part aux troupes légères, le soldat subit un allégement raisonné. La meilleure méthode de combat consistait, comme aujourd'hui, dans une grande mobilité. L'usage de la baïonnette modifia aussi les combats corps à corps.

— Nous avons déjà dit que le *Grand-Capitaine* Gonzalez de Ayora avait pris pour unité tactique la compagnie (XVe siècle). A la tête de chaque compagnie se trouvait un capitaine; à la tête de chaque régiment, un colonel. Chaque régiment se composait de 12 compagnies de 500 hommes chacune.

Pour la marche, on se servait de la colonne prolongée,

c'est-à-dire de la marche par le flanc comme dans la formation actuelle.

Les unités tactiques se formaient aussi en ordre profond sur plusieurs files, en bataille, en croix avec des arquebusiers dans les quatre angles, en cercles concentriques avec le capitaine et le drapeau au centre.

Le régiment de cavalerie était alors d'un effectif de 600 hommes : moitié grosse cavalerie, moitié cavalerie légère.

Gonzalez voulait avant tout obtenir une cohésion parfaite entre toutes les armes, afin de posséder complètement l'action de la force acquise.

A l'avènement de Philippe V, la tactique subit des modifications importantes. Le règlement se divisait en deux parties : la première portait sur l'instruction, le recrutement et l'administration de la compagnie ; la seconde sur l'école de bataillon en ligne avec d'autres bataillons. L'effectif du bataillon était de 1,000 hommes, répartis en 6 compagnies qui se subdivisaient en petites files, et en longues files pour former le régiment.

Le régiment avait donc des files, des ailes, des flancs, un centre, une *avant-garde* et une *arrière-garde*.

Le bataillon se formait en triangle équilatéral, en croix, en carré.

Le règlement de tactique pour l'infanterie de 1703 apporta diverses améliorations ; celui de 1728 augmenta l'importance des feux de l'infanterie en rangeant le bataillon sur 3 files.

Sous le règne de Ferdinand VI, on fit un nouveau règlement qui est resté en vigueur jusqu'au 2 novembre 1842. Ce règlement fut revisé et dura jusqu'au 25 novembre 1863, époque où il fut remplacé par celui du général marquis de Duero.

La tactique des autres armes progressa en même temps que celle de l'infanterie.

L'infanterie se divisait en infanterie de ligne, qui combattait en ordre ouvert, et en infanterie légère, qui combattait en ordre serré.

La formation des corps de cuirassiers et de lanciers augmenta l'importance de la cavalerie.

Une partie de l'artillerie devint de l'artillerie légère.

Le corps des ingénieurs ou officiers du génie fut proportionné à l'effectif total de l'armée et à la quantité des forteresses du pays.

Une véritable révolution dans les armes portatives fut l'invention du fusil à piston; plus tard le fusil à percussion centrale d'abord, et le fusil à répétition ensuite seront les seules armes en usage dans l'armée.

Les chasseurs furent les premiers à être armés du fusil à piston.

Les chasseurs servaient d'éclaireurs de terrain et ouvraient un feu meurtrier de mousqueterie contre l'artillerie, de telle sorte qu'ils cachaient les mouvements des masses.

Les guerres de l'Empire amenèrent d'autres changements dans les méthodes de combat : les divisions devinrent des centres d'unités. Plusieurs divisions formaient un corps d'armée, avec de la cavalerie, de l'artillerie de campagne et de position, du génie, des sections d'administration, le tout en rapport avec l'effectif de l'armée. Chaque armée avait toujours un corps de réserve à la disposition du commandant en chef.

Surprendre une aile, décomposer tactiquement un centre, telles étaient les meilleures solutions pour les problèmes d'offensive. Les attaques en ligne réussissent très rarement.

Pour l'artillerie on pratiquait le tir convergent et le tir oblique. Frédéric préférait le premier, Napoléon, au contraire, le second.

Sous la Révolution française, la stratégie fit des progrès immenses. Faire marcher les unités tactiques en colonnes et les masser à heure fixe sur un point déterminé, voilà encore de nos jours le talent d'un bon général après une mobilisation et une concentration rapides. Un commandant en chef doit rendre son armée extrêmement mobile, et pour cela il faut qu'il subdivise ses unités organiques et les concentre au moment opportun.

L'avenir n'est-il pas encore à la stratégie d'abord et à la tactique ensuite? Oui, certes! La science des mouvements d'une armée et des grandes opérations de la guerre l'emporte sur l'art de ranger une armée ou d'exécuter des évolutions.

L'usage de la fortification passagère se développa beaucoup sous Napoléon Ier. Une armée doit savoir, en effet, se défiler soit par les obstacles naturels, soit par des obstacles artificiels. Le génie joue donc un grand rôle; il est aussi indispensable à la défense d'une place qu'à la marche d'une armée. Souvent il faut établir des passages, des ponts, abattre des obstacles, etc.

Avec cette méthode de faire la guerre, le corps de l'état-major devient un facteur de premier ordre.

Il ne suffit pas de préparer l'échiquier sur le papier, il faut encore chercher des combinaisons stratégiques pour perdre peu de monde.

Au commencement du XIXe siècle, l'artillerie et l'armement des troupes à pied et à cheval subirent de nombreux perfectionnements, aussi parut-il utile d'organiser l'armée suivant des règles fixes.

Le 26 août 1802, les 38 régiments et les 12 bataillons de troupes légères reçurent une nouvelle organisation.

Le régiment était à 3 bataillons de 4 compagnies chacun, dont 2 de grenadiers et 2 de fusiliers pour le 1er bataillon; les deux autres bataillons n'étaient composés que de fusiliers.

Deux régiments formaient une brigade commandée par un général de brigade.

Chaque bataillon d'infanterie légère était de 6 compagnies.

En temps de guerre, les régiments d'infanterie étaient renforcés par des milices provinciales et des bataillons d'infanterie légère des provinces sans milices.

Pendant la guerre de l'Indépendance, l'effectif des troupes combattantes fut considérablement augmenté.

Le 1er mars 1818, on créa une garde royale composée d'une compagnie de hallebardiers et de 2 régiments de gardes.

Le 31 mai 1828, l'infanterie fut réglementée ainsi :

6 régiments (dont 2 régiments provinciaux) de garde royale ;

17 régiments d'infanterie de ligne ;

6 régiments d'infanterie légère ;

45 régiments d'infanterie provinciale.

La garde royale se décomposait en division et en brigade sous les ordres directs du roi.

Les 10 premiers régiments d'infanterie de ligne étaient à 3 bataillons chacun, les autres et ceux de l'infanterie légère à 2 bataillons.

Chaque bataillon avait 1 compagnie de dépôt, excepté ceux du régiment de Ceuta.

En 1837, pendant la guerre civile, on organisa des bataillons d'infanterie et des escadrons de cavalerie de milices nationales.

Le 3 août 1841, l'ordonnance de l'infanterie subit de nouvelles modifications : la garde royale comprenait 2 compagnies de hallebardiers pour le service intérieur et 2 régiments d'infanterie à 3 bataillons et 2 régiments de cavalerie à 4 escadrons pour le service extérieur.

La garde royale était sous les ordres d'un général commandant.

Les régiments d'infanterie ordinaire étaient à 3 bataillons chacun.

La réserve se composait de 50 bataillons de milices provinciales.

En 1858, on institua le *Conseil consultatif de la guerre* pour diriger entièrement l'organisation militaire.

En 1854, l'infanterie permanente comprenait 40 régiments d'infanterie de ligne et 20 bataillons de chasseurs; la réserve, 80 bataillons provinciaux.

Le 25 janvier 1867, l'effectif de l'armée fut porté à 200,000 hommes, répartis dans l'armée permanente, dans la réserve active et dans la réserve sédentaire.

Les milices provinciales furent supprimées.

On créa un 3ᵉ bataillon dans les 40 régiments d'infanterie.

Un décret royal du 30 juillet 1867 ordonna la formation d'*un bataillon provisoire* d'anciens soldats pour servir dans les circonscriptions militaires de Madrid, sous les ordres directs du directeur général de l'infanterie.

Le corps des hallebardiers, supprimé le 12 octobre 1868, fut réorganisé en 1875.

Une école de tir pour l'infanterie fut établie au Pardo et transportée plus tard à Tolède (1869). Une école de tir semblable existait déjà à Barcelone pour les troupes du district militaire de la Catalogne.

Le recrutement, au commencement du siècle, se faisait de trois manières : par l'enrôlement du cinquième du contingent, par les engagements volontaires, par les levées de gens vicieux.

Des académies régimentaires furent constituées pour réglementer la tactique des différentes armes.

A partir du XIXᵉ siècle, l'artillerie s'est décomposée en régiments à pied, montés et de montagne. Diverses fonderies furent créées à Séville, Grenade, Murcie, Oviédo, Tolède et Trubia.

Le génie fut complètement organisé à partir de 1803.

On créa une école du génie à Guadalajara et, en 1860, on forma 2 régiments à 2 bataillons chacun. Le chiffre de ces régiments fut porté à 4 en 1873. Chaque régiment se composait de 6 compagnies : la 1re de pionniers, la 2e de télégraphistes, la 3e et la 4e de sapeurs-bombardiers, la 5e d'ouvriers de chemins de fer et la 6e de mineurs.

La création de la brigade topographique date de 1847. Cette brigade, qui avait pour mission de lever le plan des places, des points forts et de terrains ayant une certaine importance, fut réorganisée en 1864.

L'institution du dépôt de la guerre remonte à 1810. Le dépôt de la guerre se divisait en deux sections : l'une de géographie et l'autre d'histoire.

En 1824, le corps de l'administration a été réorganisé. On créa en 1853 une *École spéciale d'administration militaire*. En 1866, l'administration se décomposa en sections comme en France.

La *Garde civile* a été créée en 1844, pour protéger les personnes et les propriétés, ainsi que pour poursuivre les malfaiteurs.

Ce corps comprit, à sa formation, 14 régiments. En 1868, on lui adjoignit la garde rurale qui fut bientôt dissoute et fondue avec lui.

Les *gardes civils* relevaient, comme aujourd'hui, du ministère de la guerre pour l'organisation, le personnel, la discipline, le matériel, et du ministère de l'intérieur pour le service.

On fonda à Valdemore une école pour les enfants des gardes civils morts au service de la patrie.

L'organisation des douaniers date seulement de la fin du XVIIIe siècle. En 1842, les douaniers prirent le nom de *carabiniers royaux*.

Les carabiniers dépendaient, comme de nos jours, du ministère de la guerre pour la partie militaire et des douanes pour les perceptions.

On créa à Gétafe, pour les enfants des carabiniers, une école qui fut transportée plus tard à l'Escurial.

Telle est, en quelques lignes, la description sommaire des principales transformations qu'a subies l'armée espagnole. Comme on le voit, l'Espagne n'est pas restée en arrière des autres nations, elle a toujours fait les sacrifices nécessaires pour sauvegarder son indépendance. Encore aujourd'hui, nous la voyons marcher dans la voie du progrès suivant les ressources dont elle dispose. En cela rien d'étonnant, car chaque jour l'art militaire, emporté dans ce mouvement universel de progrès, profite des nouvelles inventions et accroît sans cesse ses moyens d'action.

Nous allons maintenant étudier l'état actuel des forces militaires de l'Espagne. De nos jours, on ne peut ignorer les ressources de tout genre dont peuvent disposer les nations combattantes. C'est ce qui nous a décidé à faire cette nouvelle publication, persuadé que la force invincible s'acquiert seulement avec l'instruction.

Tel est le but de nos efforts qui contribueront quelque peu, nous n'avons pas d'autres désirs, au développement de nos connaissances militaires.

CHAPITRE Ier.

CONSTITUTION DU ROYAUME ESPAGNOL.

D'après la Constitution du 30 juin 1876 le *Pouvoir exécutif* appartient à un souverain héréditaire[1] assisté de ministres (*Présidence du Conseil; Affaires étrangères; Intérieur; Guerre; Marine; Finances; Grâce et Justice; Instruc-*

1. Le souverain héréditaire est Alphonse XIII, né le 17 mai 1886, après la mort de son père Alphonse XII (25 novembre 1885).

tion publique; Commerce; Agriculture et Travaux publics; Colonies). La couronne est héréditaire par droit de primogéniture; la loi salique n'existe pas; l'héritier présomptif porte le nom de prince des Asturies; les autres princes et princesses sont appelés infants et infantes.

Le *Pouvoir législatif* relève du roi et des Cortès formées de deux chambres: 1° le *Sénat*, composé de sénateurs de droit (princes du sang, grands d'Espagne possédant un certain revenu, archevêques et évêques, capitaines généraux, présidents de cours suprêmes), de sénateurs à vie nommés par le *Pouvoir exécutif*, de sénateurs élus par les corporations de l'État et les citoyens les plus imposés (180 sénateurs); 2° le *Congrès des députés*, composé de députés élus pour cinq ans par le suffrage direct, dans 349 collèges électoraux. La proportion est d'un représentant par 50,000 habitants. Est électeur tout Espagnol qui paie 100 fr. d'impôts directs, ou 50 fr., s'il est sur la liste des capacités. Pour être éligible, il faut être Espagnol, laïque, majeur, jouir de ses droits civils et payer 250 fr. d'impôts directs ou posséder un revenu de 3,000 fr.

Pendant la minorité du jeune roi Alphonse XIII, la régence a été confiée à sa mère la reine Marie-Christine.

La régente est fille de feu l'archiduc Charles-Ferdinand d'Autriche.

La reine régente est alliée aux familles suivantes:

La maison de Bourbon des Deux-Siciles. — La sœur aînée de son père est veuve du comte de Girgenti, frère consanguin du roi François II de Naples.

La maison de Habsbourg-Lorraine. — Son père, par sa seconde femme, la reine Christine, était gendre de feu l'archiduc Charles-Ferdinand et de l'archiduchesse Élisabeth d'Autriche, cousine de l'empereur François-Joseph Ier.

La maison de Wittelsbach. — Son père a marié sa sœur, l'infante Maria de las Paz, au prince Louis-Ferdinand de Bavière, cousin germain du roi Louis II.

Enfin *la maison de Bourbon-Orléans.* — Son père était le neveu du duc de Montpensier, oncle du comte de Paris, qui a épousé l'infante Louise, sœur de sa mère, la reine Isabelle II. Alphonse XII était le beau-frère du comte de Paris par son premier mariage avec la princesse Maria de las Mercedès, fille du duc de Montpensier et sœur de la comtesse de Paris.

Le Drapeau. — Le drapeau national est rouge et or, en trois bandes perpendiculaires à la hampe ; la bande or du milieu porte les armoiries de la nation.

Outre ce drapeau, quelques unités tactiques ont conservé des drapeaux particuliers, en souvenir de vieilles traditions.

Les Ordres militaires. — Les ordres de chevalerie sont très nombreux en Espagne, mais nous ne citerons que les ordres militaires.

Les quatre plus anciens sont : *Calatrava*, *Alcantara*, *Montesa* et *Santiago*.

Jadis, pour appartenir à ces ordres, il fallait être de grande famille ; aujourd'hui, il suffit de les mériter. Ces ordres comportent des chevaliers, des officiers, des commandeurs, des grands-croix et des grands-cordons.

L'ordre de Charles III a été institué en 1771 par le roi de ce nom. On le donne aux civils et aux militaires, et surtout aux étrangers. Cet ordre comprend cinq classes comme les précédents.

L'ordre de San-Fernando date de 1811 ; il n'est donné que pour récompenser des services éclatants. Cet ordre comporte cinq classes. La première peut être obtenue par tous les militaires, de soldat à colonel, pour une action distinguée ; la seconde, par les mêmes, pour une action héroïque ; la troisième et la quatrième sont réservées aux officiers généraux, et la cinquième aux généraux commandant en chef. Le même officier peut obtenir plusieurs croix de la même classe ou de classes différentes.

L'ordre de San-Hermenegild a été créé, en 1815, pour récompenser l'ancienneté de service. Tout officier a droit à la croix après 25 ans de service, à la plaque après 40 ans de service; au grand cordon, seulement les capitaines généraux et amiraux, ainsi que les généraux qui remplissent les conditions exigées. Suivant la classe, il est alloué des pensions de 375, 687 et 1,500 fr. aux plus anciens titulaires, suivant les ressources du budget.

L'ordre d'Isabelle-la-Catholique a été institué en 1815 par Ferdinand VII; il est accordé aussi bien aux civils qu'aux militaires.

Les ordres du Mérite militaire et du Mérite naval ont été créés récemment pour l'armée.

Les médailles commémoratives sont instituées en souvenir d'une campagne mémorable.

CHAPITRE II.

RÉSUMÉ GÉOGRAPHIQUE DE L'ESPAGNE

Géographie physique.

Situation astronomique. — Limites. — Le royaume d'Espagne occupe environ les 5/6 de la péninsule Ibérique; le reste appartient au Portugal. Il s'étend du 35°59' au 43° 47' lat. N., et du 0° 59' au 11° 39' long. E.

Ses bornes sont : au Nord, la France; — la crête principale des Pyrénées sépare les deux pays, depuis le cap Cerbera (golfe du Lion) jusqu'au col des Aldudes, sauf sur quatre points; l'Espagne possède, sur le versant français, le val d'Aran et le val Carlos; — de son côté, la France possède, sur le versant espagnol, une partie de la Haute-Mouga, la vallée de la Haute-Sègre ou Cerdagne (Pyrénées-Orientales), et la vallée d'Irati (Basses-Pyrénées). Du col des Aldudes, la frontière passe entre le val de Bastan et le torrent des Aldudes, coupe la Nivelle, rejoint la Bidassoa, au port de Véra, et suit la rive droite de cette rivière jusqu'à son embouchure à Hendaye. — L'océan Atlantique et le golfe de Gascogne baignent l'Espagne au Nord-Ouest et au Nord, depuis l'embouchure du Miñho. — A l'Est et au Sud-Est, la Méditerranée depuis le cap de Cerbera et le détroit de Gibraltar servent de limites. — L'Océan baigne l'Espagne au Sud jusqu'à la pointe de Tarifa. — A l'Ouest, le Portugal ; ses limites sont : Ayamonte à l'embouchure du Chanza, en face de Castro-Marim en Portugal (golfe de Cadix) ; la frontière quitte le confluent du Chanza à Pomarão, passe à Mansaraz, suit le Guadiana jusqu'à Badajoz, atteint le Tage, franchit la sierra de Gata, suit le cours du Douro depuis le confluent de l'Agueda, longe les sierras de Gerez et de la Culebra, franchit la Limia près du fort portugais de Lindoso et descend le Miñho depuis Crecientes. La plus grande largeur de la péninsule est de 1,020 kilomètres du cap Creus au cap Falcoeiro ; sa plus grande longueur de 856 kilomètres, du cap Pénas à l'île Tarifa. Les côtes ont un développement de 2,800 kilomètres environ.

Relief du sol. — Montagnes. — La topographie générale de la péninsule présente l'aspect d'un tronc de pyramide quadrangulaire, composé d'un vaste plateau central et de quatre terrasses inclinées vers les quatre points cardinaux. — Le plateau central, qui s'élève de 500 à 700 mètres, a la forme d'un quadrilatère irrégulier. Ce plateau est divisé en deux parties que séparent les sierras de Guadarrama et de Somo ; au Nord, c'est le plateau de la Vieille-Castille et de Léon ; au Sud, le plateau de la Nouvelle-Castille et de l'Estramadure. Les talus de ce plateau central sont : au Nord, les monts Cantabres et une partie des monts des Asturies ; à l'Est, la chaîne des monts Ibériens ; au Sud, la sierra Morena ; à l'Ouest, les contreforts des monts Carpétaniens et Lusitaniens. Le pourtour du plateau est escarpé, les rivières ont creusé des vallées profondes dans les terres. Les terrasses sont accidentées et se terminent par des plaines basses vers la mer. Les principales terrasses sont : au Nord, les terrasses de Galice, des Asturies, de la province de Santander, et au Nord-Est, celle de l'Aragon ; — à l'Ouest, celle du Portugal ; — au Sud, les terrasses de l'Andalousie et de Grenade ; — à l'Est, les terrasses de Valence et de Murcie.

Cette situation topographique est encore compliquée par de nombreuses chaînes de montagnes généralement peu élevées, mais remplies de crevasses, de défilés profonds, de ravins impraticables, très favorables à la guerre défensive. Les deux plus hautes chaînes sont aux deux extrémités : les Pyrénées et la sierra Nevada.

Le système des Pyrénées comprend : les Pyrénées orientales, les Pyrénées centrales et les Pyrénées maritimes ou espagnoles, continuation des Pyrénées continentales, avec de nombreux contreforts.

Les monts Ibériens partent du Nord vers la source de l'Èbre et se rattachent au Sud dans une confusion extrême à la chaîne de la sierra Nevada. Des monts Ibériens se détachent plusieurs ramifications.

Les monts Carpétaniens partent de la sierra Ministra et aboutissent au cap da Roca. Ils sont situés entre le Douro et le Tage.

Les monts Lusitaniens commencent dans les plaines au Sud de Tolède et finissent au cap Saint-Vincent.

La sierra Morena commence à l'Ouest de la plaine de Murcie ; elle est surtout escarpée vers le Sud. La sierra Morena dépend du plateau de Castille.

La sierra Nevada s'étend du cap de Gata aux caps Tarifa et Trafalgar, entre le Guadalquivir et la Méditerranée.

Versants, bassins, cours d'eau. — La péninsule Ibérique

se divise en deux grands versants, celui de la Méditerranée à l'Est, et celui de l'océan Atlantique à l'Ouest.

1° Principaux cours d'eau du versant de la Méditerranée, en allant du Nord au Sud :

La Mouga, la Fluvia, le Ter, le Llobrégat, l'Èbre ; — principaux affluents : à gauche, descendant des Pyrénées, le Zadorra, l'Aragon, le Gallego, la Sègre ; affluents : la Cinca, les deux Noguerra, la Balira, le Carol ; — à droite, l'Èbre reçoit le Jalon, le Guadalope, le Guadalaviar, le Jucar, la Segurra, l'Almeria, ainsi que le Guadaljore et le Guadiario.

2° Principaux cours d'eau du versant de l'océan Atlantique, en allant du Nord au Sud :

Dans le golfe de Gascogne se jettent la Bidassoa, l'Orio, la Deba, le Nervion, la Sella, le Nalon et la Navia ; sur la terrasse de Galice et la frontière du Portugal coulent le Tambre, le Ulla, le Lerez, le Niño, le Calvado, le Douro, dont les principaux affluents sont : sur la rive droite, le Pinarga, le rio Seco et l'Esla, le rio Sabor, le rio Tua, le rio Tamega ; sur la rive gauche, l'Eresma, le Tormès, l'Agueda, le torrent de la Vouga, le Tage (affluents de droite : le Tajuna, le Guadarrama, l'Alberche, l'Alagon ; affluents de gauche : le Guadiela, le Zatos), le Caldao, le Guadiana (affluents de droite : le Zangara et le Giguela ; affluents de gauche : le Zujar, le Guadamez, le Melachel, l'Albuera, l'Ardila) ; — le Tinto, le Guadalquivir (affluent de droite : le Guadalimar ; affluents de gauche, le Guadiana Menor et le Goinl) ; — le Guadalète.

Côtes. — 1° Méditerranée. Le détroit de Gibraltar forme l'entrée de la Méditerrannée ; en avant se trouve la baie d'Algesiras entre la pointe Carnero et la pointe d'Europe. De Gibraltar au cap de Gata la côte est formée des ramifications des sierras de Ronda et des Alpujarras. Du cap de Gata au cap Creus, le littoral, qui est sablonneux ou marécageux, présente trois courbes, séparées par les caps

Palos et de la Nao. La côte se relève à Barcelone; elle forme ensuite le golfe de Rosas, avec les caps Norfeo, Creus.

En face de Valence sont situées les îles Baléares (Majorque, Minorque, Iviça, Formentera), suite des montagnes espagnoles.

A l'est de Castellon de la Plana existe le groupe volcanique des îles rocheuses Columbretes, suite encore des montagnes espagnoles.

2° Océan Atlantique. Le littoral du golfe de Biscaye est escarpé. On remarque les caps de Higuer, Machichaco, Ajo, de Penas, de Vares; du cap Ortegal à l'embouchure du Minho, la côte est très découpée (baies de Muros, de Noya, de Arosa, de Pontevedra, de Vigo); le littoral du golfe de Cadix, généralement bas et sablonneux, est accidenté par l'estuaire du Guadalquivir; il décrit un demi-cercle du cap Santa-Maria au détroit de Gibraltar et forme la baie de Cadix, le cap Trafalgar et la pointe de Tarifa, à l'entrée du détroit.

Climat, richesses minérales, agricoles, animales. — Industrie. — Commerce. — Monnaies, poids et mesures. — Le climat est généralement sain et tempéré; pourtant dans le Nord il est plutôt froid en hiver et chaud en été, et dans le Sud, pluvieux en hiver, brûlant en été. La température est toujours très agréable au printemps et à l'automne.

A l'exception des hauts plateaux, le sol est d'une grande fertilité; on y voit des moissons, des prairies, des arbres fruitiers, des vignes, de belles forêts. Le pays produit en abondance des vins, des olives, des fruits de toutes sortes (abricots, amandes, pistaches, noisettes, caroubes, grenades, figues, citrons, oranges et autres fruits du Nord et du Midi), des grains (blé, orge, seigle, maïs, riz), de la soie, du lin, du chanvre, de la cochenille, du tabac, du chêne-liège, etc., etc.

L'Espagne a toujours été célèbre par la richesse de ses

mines; aujourd'hui encore cette richesse n'a pas diminué. Parmi les minerais les plus abondants nous citerons: la houille, le fer, le plomb, le mercure, l'argent, le cuivre, le zinc; il y a aussi du soufre, du sulfate de soude, du manganèse, de l'antimoine, de l'alun, du kaolin, des marbres, de l'albâtre, du jaspe, de l'argile, des pierres meulières et lithographiques, des pierres à aiguiser, du granit, des ardoises, etc. Les sources d'eaux minérales sont en abondance. On recueille du sel gemme, du sel provenant des marais salants.

Les pâturages de l'Espagne occupent environ 10 millions d'hectares; ils nourrissent des chevaux, des mulets, des ânes, des bêtes à cornes, des chèvres, des porcs et des chameaux très estimés; mais la principale production animale est le mouton.

L'industrie est restée pendant quelque temps dans une période d'attente; aujourd'hui elle paraît vouloir se réveiller aussi bien dans les industries métallurgiques que dans les industries textiles.

Il existe en Espagne de belles fabriques de porcelaine et de faïence, des verreries renommées, des fabriques de glaces, de papier, de pâtes alimentaires, d'huiles, de chocolat, de cigares, de charcuterie, etc.

Les cuirs et les peaux font aussi l'objet d'un grand commerce.

Le commerce de l'Espagne avec l'étranger s'élève à 450 millions environ pour l'importation et 400 millions environ pour l'exportation. C'est avec la France que l'Espagne fait le plus grand commerce, puis vient l'Angleterre, Cuba et les Antilles. L'Espagne exporte surtout des vins, des métaux, des fruits, de l'huile, etc.

L'unité monétaire est le *réal*, qui vaut 26 centimes. L'*once d'or* vaut 84 fr. 50 c.; la *piastre*, 20 réaux; la *peseta* d'argent, 4 réaux; le *cuarto* de cuivre, 5 centimes; le *maravédis*, le quart du cuarto.

Le *quintal* égale 46 kilogr.; l'*arroba*, 2^{kilogr},500; la *libra*, 450 grammes; la *onza*, 28^{gr},755.

La *legua* (lieue) vaut 5^{kilom},555; la *vara*, 83 $^c/_m$ 6 $^m/_m$.

La *arroba* équivaut pour le vin à 16^{lit},13, pour l'huile à 12^{lit},56; la *farrega* pour les grains est de 55 litres.

Postes. — Il existe en Espagne environ 2,700 bureaux.

Télégraphes. — On compte environ 17,200 kilomètres de lignes télégraphiques et 240 de câbles sous-marins.

Marine marchande. — La marine marchande comprend environ 1,902 navires jaugeant de 50 à 4,250 tonneaux, dont 426 vapeurs.

Mouvement des ports. — Les entrées sont d'environ 19,500 navires de 2,681,000 tonneaux; les sorties, de 19,900 navires de 6,234,000 tonneaux.

Notions statistiques. — La superficie de l'Espagne est d'environ 507,036 kilomètres carrés.

La population est d'environ 17,032,439 habitants, presque tous catholiques. On compte 9 archevêchés et 54 évêchés. Le catholicisme romain est la religion de l'État; les autres cultes sont tolérés.

L'instruction publique est ainsi organisée: l'instruction primaire est donnée dans 30,000 écoles et 80 écoles normales; l'enseignement secondaire, dans 62 instituts de l'État, dans 130 écoles privées préparatoires et 60 séminaires diocésains; l'enseignement supérieur, dans 10 universités (Madrid, Santiago, Oviédo, Salamanque, Séville, Saragosse, Barcelone, Grenade, Valence, Valladolid); dans l'école des ingénieurs civils et des mines de Madrid; dans l'école des directeurs des phares du cap Michicaco (Biscaye); dans l'école des eaux et forêts de l'Escurial; dans les six collèges militaires (Tolède, Valladolid, Ségovie, Guadalajara, Madrid, San-Fernando ou Léon), etc.

L'organisation judiciaire comprend autant de justices

de paix que de communes, 505 tribunaux de première instance, 15 cours d'appel, 1 cour suprême à Madrid.

La population est d'origine ibérienne avec un mélange de Pélages et de Celtes, dans les temps anciens; de Visigoths, de Vandales, de Suèves et surtout d'Arabes au moyen âge.

On compte environ 18,000 Français; 8,000 Portugais; 5,000 Anglais; 4,000 Italiens; 1,000 Allemands; 500 Suisses; 400 Suédois; 400 Belges; 300 Autrichiens; etc.

Le chiffre annuel de l'émigration est d'environ 25,000 émigrants qui se rendent en France, en Algérie, en Amérique.

La langue castillane est la langue nationale. C'est une langue romane, dérivée du latin. Il existe d'autres dialectes, tels que le catalan, l'aragonais, le basque, le galicien, etc.

Les Anglais possèdent en Espagne Gibraltar, et les Français exercent leur protectorat, en commun avec les Espagnols, sur la petite République du Val d'Andorre.

Gibraltar est un rocher qui termine la partie sud de l'Espagne; cette position inaccessible du côté de la terre et hérissée de canons du côté de la mer, appartient aux Anglais depuis 1704. De là, les Anglais dominent la Méditerranée et surveillent le Maroc. La population est de 20,000 habitants environ. La République d'Andorre est située dans la province de Lérida; elle est placée sous le protectorat de la France et de l'Espagne. Sa population est de 10,000 habitants environ, répartis en six communes ou paroisses.

Budget. — Le budget s'élève à environ 880,331,000 pesetas de dépenses et 880,306,000 pesetas de recettes, soit un déficit de 25 millions par an. La dette publique atteint plus de 10 milliards.

Divisions administratives. — Au point de vue administratif, l'Espagne se divise, comme nous le verrons plus loin, en 49 *intendances civiles* ou *provinces*, y compris les îles Baléares et les îles Canaries. Elles sont administrées par des gouverneurs civils, et se subdivisent en districts. Les communes sont au nombre d'environ 10,000. Elles sont administrées par des *alcades* ou maires, assistés des *ayuntamientos*, conseils municipaux ou communaux.

La capitale de l'Espagne est Madrid.

Divisions militaires. — Au point de vue militaire, l'Espagne comprend 16 *capitaineries générales* ou corps d'armée, y compris les îles Baléares, les îles des Canaries et toutes les colonies (Cuba, Porto-Rico et l'archipel des Philippines).

A ces capitaineries nous devons ajouter quatre présides.

Nous verrons plus loin la nomenclature de ces divisions militaires, de même que les effectifs des armées de terre et de mer.

Canaux. — Chemins de fer. — Paquebots à vapeur.

Canaux. — L'Espagne a de nombreux canaux d'irrigation qui contribuent en grande partie à la fertilité de son sol. Parmi les canaux de navigation, nous citerons : le *canal Impérial*, de Tudela jusqu'au-dessous de Saragosse et prolongement ; le *canal de Castille*, de Valladolid, Palencia, Burgos à Calahorra ; — le *canal de Manzanarès*, de Madrid au confluent du Manzanarès et du Jarama ; — le *canal de Murcie* ; — le *canal d'Albacète* ; — le *canal de Guadarrama*, à Madrid ; — le *canal des Alfaques*, d'Amposta aux Alfaques, etc.

Chemins de fer. — Les principales lignes de chemins de fer sont :

1° La ligne du Nord, qui relie l'Espagne du côté ouest à la France ;

2° La ligne du Sud, qui est en quelque sorte le prolongement de la première et met en communication le centre de l'Espagne avec l'Andalousie en passant par les plaines de la Manche ;

3° La ligne du Nord-Ouest, qui relie la ligne du Nord d'Espagne aux diverses lignes desservant Santander, Oviédo, la Corogne, Pontevedra, etc. ;

4° La ligne de l'Ouest, qui relie Madrid à Lisbonne (Portugal) ;

5° La ligne du Sud-Est, qui met en communication Madrid avec la Méditerranée.

6° La ligne du Nord-Est, qui relie Madrid à Saragosse, Barcelone et la France du côté Est ;

7° La ligne Ouest-Est, qui relie la ligne du Nord d'Espagne à Alsasua et à Miranda, à la ligne de Tarragone, Barcelone à la frontière de France, en passant par Saragosse.

Paquebots à vapeur. — Des paquebots à vapeur vont dans les cinq parties du monde des ports de Barcelone, Alicante, Carthagène, Malaga, Cadix, Vigo, la Corogne, le Ferrol, Santander, Bilbao. La marine espagnole fait plutôt du cabotage que des voyages au long cours. Des services réguliers mettent en communication tous les ports de la Péninsule entre eux ou avec ceux des pays voisins. Des paquebots à vapeur partent de Barcelone et desservent Marseille (France), Alcudia et Palma (île de Majorque), Valence, Oran, Alicante, Malaga, Cadix, Lisbonne (Portugal), La Corogne, Gijon, Santander, Bilbao, les trois ports français de Bayonne, de Bordeaux et du Havre, quelques ports anglais. Les services réguliers partent de Valence et desservent Palma, Iviça, Oran ; un autre part de Cadix et dessert la Havane. Enfin, Pontevedra est en communication avec la Corogne également par une ligne de paquebots à vapeur.

CHAPITRE III.

VOIES DE COMMUNICATION.

Il y a en Espagne 20,000 kilomètres environ de routes de toutes natures; 5,500 kilomètres de chemins de fer exploités; 2,000 en construction et 7,500 concédés. Les nombreux chemins de fer qui commencent à sillonner l'Espagne doivent certainement amener de grands changements dans sa situation politique et économique.

Principales routes d'Espagne en France à travers les Pyrénées.

	Défenses en France.
Chemin de fer de Figueras à Perpignan, par le col de Balistres. Chemin de Llanza à Banyuls, par le col de Balistres. Chemin de Figueras à Banyuls, par le col des Frères, del Sourou, del Tourn.	Le fort Saint-Elme, Port-Vendres et Perpignan.
Route de Figueras à Perpignan, par le Boulou et le col de Perthus.	Le fort Bellegarde et Perpignan.
Route de Puigcerda à Bourg-Madame, Mont-Louis et Perpignan.	La place de Mont-Louis, le fort Romeu, la batterie de la Perche, le fort de Roques-Blanques et Perpignan.
Route de Puigcerda à Bourg-Madame, Mont-Louis et Quillan, par Mont-Louis et le col de la Quillane.	La place de Mont-Louis.
Route de Puigcerda à Bourg-Madame et Ax, par le col de Puymorens.	La place de Mont-Louis.

	Défenses en France.
Chemin de fer de Jaca à Canfranc, et prolongement jusqu'à Cauterets en France (en construction). Route de Jaca à Oloron, par le Somport et la vallée d'Aspe.	Le fort d'Urdos.
Chemin de Roncevaux à Saint-Jean-Pied-de-Port, par le col de Bentarté. Route de Pampelune à Saint-Jean-Pied-de-Port, par le col de Roncevaux et le val Carlos.	La place de Saint-Jean-Pied-de-Port.
Route de Pampelune à Bayonne, par le port d'Aspiroz. Route de Pampelune à Bayonne, par le port de Belate, Elizondo, le port de Maya et Urdax. Route de Vitoria à Bayonne, par le port d'Idiazabal. Chemin de fer de Vitoria à Bayonne, par le port d'Idiazabal. Route de Vitoria à Bayonne, par le port de Salinas.	La place de Bayonne.

Principaux chemins de fer espagnols construits ou en construction.

Madrid à Bayonne (France), par Avila, Palencia, Burgos, Vitoria, Saint-Sébastien, Irun, avec embranchements :

A gauche,

1° à Medina del Campo sur Salamanque et Lisbonne (Portugal) ;

2° à Medina del Campo sur Zamora ;

3° à Venta de Baños sur Vigo, Pontevedra, El Carril, Santiago et la Corogne, par Palencia, Léon, Orense ;

4° à Venta de Baños sur la Corogne, par Palencia, Léon, Monforte ;

5° à Venta de Baños sur Oviédo et Gijon, par Palencia et Léon, et de Gijon à Sama de Langreo ;

6° à Venta de Baños sur Santander;
7° à Miranda sur Bilbao.

A droite,

1° à Villalba à Ségovie;

2° à Miranda sur Castejon par Pampelune;
3° à Alsasua sur Castejon par Logroño;
de Castejon

1° sur Saragosse, Huesca, Jaca, Canfranc, Le Somport pour rejoindre Cauterets en France (ce dernier tronçon est en construction);
2° sur Saragosse, Barbastro;
3° sur Saragosse, Lérida, Manresa, Barcelone, Granolers, San-Juan de Las Abadesas;
4° sur Saragosse, Lérida. Manresa, Barcelone et Perpignan (France), par Granolers, Hostalrich, Gérone, Llansa ou par Mataro, Blanes, Martorell, Gérone, Llansa;
5° sur Saragosse, Lérida, Tarragone;
6° sur Saragosse, Alcaniz, Amposta, San Carlos de la Rapita;

4° à Alsasua sur Pampelune à Bayonne, par Zubiri et Cambo (France).

Madrid à Castejon, par Baides, Soria.

Madrid à Las Casetas, par Guadalajara, Siguenza, Calatayud.

Madrid à Alcaniz et Amposta (ligne de Saragosse à San Carlos de la Rapita), par Cuença, Teruel.

Madrid à Lisbonne (Portugal), par Valencia (la ligne de Cacerès est rattachée à Mérida sur la ligne de Madrid-Badajoz).

Madrid à Alicante, avec embranchements:

A gauche:

1° à Alcazar de San-Juan sur Quintanar de la Orden;
2° à Venta de la Encina sur Barcelone, par Valence.

A droite:

1° à Aranjuez sur Tolède;

2° à Alcazar San-Juan sur Lisbonne, par Ciudad Réal, Mérida, Badajoz; la ligne de Madrid-Badajoz a des embranchements :

1° sur Cordoue à Almorchon;
2° sur Cacérès à Mérida;
3° sur Séville à Mérida;

3° à Alcazar de San-Juan sur Huelva, par Cordoue, Séville (de Huelva remonte une ligne sur Palmago);

4° à Alcazar de San-Juan sur Cadix, par Cordoue, Séville, Xérès (la ligne rejoint Moron à Utrera);

5° à Alcazar de San-Juan sur Malaga, par Cordoue (la ligne rejoint Loja et Grenade à Campillos);

6° à Alcazar de San-Juan sur Almérie, par Jovalquinto, Guadix;

7° à Alcazar de San-Juan sur Carthagène, par Chinchilla et Murcie (une ligne part de Murcie sur Alicante et passe par Novelda).

Principales routes d'Espagne en Portugal.

De Vigo à Porto, par Tuy;
D'Orense à Chaves, par Vérin;
De Zamora à Miranda, le long du Douro, par Pino;
De Ciudad Rodrigo à Almeida, par Gallegos;
De Ciudad Rodrigo à Sabugal, par Fuente de Gainaldo;
De Plasencia à Penamacor, par Zarra;
D'Alcantara à Portalègre, par Valencia;
De Badajoz à Elvas, par Talavera la Real;
D'Huelva à Castro-Marim, par Ayamonte.

Les principales voies ferrées qui conduisent d'Espagne en Portugal sont celles de Salamanca, de Valencia, de Badajoz.

Principales défenses continentales d'Espagne et du Portugal.

Espagne.	Portugal.
Vigo (Galice);	Almeida (Beira);
Toro (Vieille-Castille et Léon);	Castello-Branco (Bas-Beira);
Ciudad Rodrigo (*idem*);	Abrantès (Estrémadure portug.);
Alcantara (Estrémadure);	Portalègre (Alentéjo);

Espagne.	Portugal.
Valencia (*idem*);	Campo-Mayor (*idem*);
Albuquerque (*idem*);	Elvas (*idem*);
Badajoz (*idem*);	Evora (Bas-Alentéjo);
Olivenza (*idem*);	Castro-Marim (Algarve);
Paimago (Andalousie).	Sagres (*idem*).

Points desservis par les voies ferrées.

Nord de l'Espagne.

Madrid, l'Escurial, Valladolid, Burgos, Vitoria, Saint-Sébastien, Irun;

Ségovie à Médina del Campo;

Alsasua, Pampelune et Castejon;

Valladolid à Médina de Rioseco;

Madrid, Venta de Baños, Palencia et Santander;

Bilbao à Castejon;

Irun, Miranda, Saragosse et Barcelone;

Palencia à la Corogne;

Léon à Gijon;

Oviédo à Trubia;

Santiago à Carril;

Bilbao à Durango;

Durango à Zaldivar;

Laviana à Sama et Gijon;

Médina del Campo à Zamora;

Tudela à Tarazona;

Selgua à Barbastro;

Vigo, Pontevedra, Arbo, Orense et Montforte;

Guillarey au Minho;

Mollet à Caldas;

Barcelone, Gérone, Portbon;

Valence, Tarragone, Martorell et Barcelone

Tarragone, Montblanch, Vimbodi et Lérida;

Barcelone, Reus et Picamoixons;

Barcelone, Granollers à San-Juan;

Manresa à Puigreig;

Almansa, Valence et Denia;
Valence à Bunol;
Silla à Cullera;
San-Juan à Zalamea;
Palma à Manacor, Alaro et la Puebla;

Madrid à Saragosse et Alicante.

Saragosse à Puebla de Hijar;
Madrid à Agranda;
Madrid à Saragosse;
Madrid à Barcelone;
Madrid, Pampelune et Alsasua;
Madrid, Tudela, Logroño;
Madrid à Tolède;
Madrid à Valence;
Villena à Bocairente;
Aranjuez à Cuenca;
Madrid à Alicante;
Madrid, Murcie et Carthagène;
Madrid, Xérès et Cadix;
Madrid, Malaga et Grenade;
Madrid, Séville à Huelva;
Madrid à Cordoue et Séville;
Manzanarès à Ciudad-Real;
Vadollano à Linarès;
Guadajoz à Carmona;
Huelva à Valdelacasa;
Madrid, Alcodor, Badajoz et Lisbonne;
Séville à Alcala et Carmone;
Cacérès à Merida-Séville;
Cordoue à Grenade et Malaga;
Cordoue, la Roda et Moron à Uttrera;
Séville à Xérès, Bonanza et Cadix;
Cordoue à Belmez;
Jaën à Espeluy;
Alicante à Murcie et Torrevieja;
Murcie à Lorca.

Lignes de Medina del Campo à Salamanca, de Salamanca à la frontière du Portugal et de la Beira-Alta.

Medina del Campo à Salamanca et Salamanca à la frontière du Portugal;

Figueira à Pamphilosa et à Vielar Formoso (Beira-Alta).

Chemins de fer portugais et Société des chemins de fer de Madrid à Cacérès et au Portugal.

Madrid, Cacérès, Valencia d'Alcantara, et Lisbonne-Porto à Lisbonne;

Porto à Tua, Braga et Valença de Minho;

Porto à Povoa et Tamalicas;

Lisbonne à Cintra;

Badajoz à Torre das Vargens;

Lisbonne à Seisbal;

Lisbonne à Setubal, Extremor, Cazevel et Serpa.

CHAPITRE IV.

CONSTITUTION ORGANIQUE DE L'ARMÉE[1].

(Loi du 11 juillet 1885.)

La constitution organique de l'armée comprend : l'armée de terre, divisée en armée péninsulaire et en armée coloniale, et l'armée de mer ou la marine.

L'armée espagnole se compose de toutes les forces militaires du royaume. Le roi est le chef suprême de l'armée.

En principe, le service militaire est personnel et obligatoire. Sa durée est de 12 ans, ainsi répartis : 6 ans dans l'armée active et la réserve active et 6 ans dans la réserve.

Le service du recrutement est assuré par 140 bureaux

1. Un projet de réorganisation militaire a été présenté par le général Cassola aux Cortès, qui l'étudient en ce moment. Nous en donnons les principes organiques à la fin de cette publication.

de recrutement ou zones militaires où se fait le tirage au sort, sous la direction de l'autorité. La loi admet des cas d'exemption, de substitution et d'exonération. Le contingent est fixé chaque année et divisé en plusieurs catégories pour répondre aux besoins de toutes les armes.

Les jeunes gens doivent remplir certaines formalités avant de tirer au sort. Ainsi :

Tout Espagnol, âgé de 15 ans, qui désire se fixer à l'étranger est tenu de verser au Trésor la somme de 2,000 francs, comme caution de ses obligations militaires. S'il est déjà à l'étranger, il doit lui faire parvenir cette somme dès qu'il atteint quinze ans. De cette manière, il est considéré comme s'étant racheté à prix d'argent, s'il ne se présente pas pour remplir ses devoirs militaires.

Tout Espagnol âgé de 18 ans est tenu de se faire inscrire au bureau de recrutement de sa commune. Les pères ou tuteurs sont obligés de s'assurer si cette formalité a été remplie, sous peine d'une amende qui varie de 250 à 1,000 piécettes.

Tout Espagnol qui dénonce un insoumis touche une prime et a le droit d'exempter une recrue à son choix, en commençant par les membres de sa famille.

Tous les Espagnols qui ont 19 ans, du 1er janvier au 31 décembre, tombent sous le coup de la loi militaire et figurent sur les listes de recrutement. Le dernier dimanche de janvier, ils font valoir les droits qu'ils ont à ne pas faire partie du contingent.

Des exemptions totales ou temporaires sont quelquefois accordées. Les premières entraînent la radiation complète des intéressés des listes de recrutement, les secondes amènent l'inscription des jeunes gens, exemptés temporairement comme soutiens de famille ou pour d'autres raisons, sur les contrôles des bataillons de dépôt ; ils ne font de service qu'en temps de guerre ou en temps de paix pour des périodes d'instruction.

Tout Espagnol sous les drapeaux procure l'exemption prévue par la loi aux membres de sa famille.

Tout Espagnol appelé à servir dans les colonies, est autorisé à se faire remplacer, s'il trouve un substituant qui remplisse les conditions exigées.

Le rachat des obligations militaires est fixé pour la péninsule à 1,500 piécettes et pour les colonies à 2,000.

Les sommes ainsi versées dans les caisses de l'État sont destinées à former les primes d'engagements volontaires ou de rengagements de ceux qui sont admis à combler les vides produits par ces exonérations.

Les engagés sont : 1° les jeunes gens qui ont au moins 16 ans accomplis et qui désirent entrer volontairement dans l'armée ; 2° les jeunes gens qui appartiennent à la réserve ou qui, renvoyés en congé illimité, ont quitté le régiment depuis un an.

Les rengagés sont : 1° les hommes de troupe qui demandent à rester sous les drapeaux ; 2° ceux qui sont sortis de l'armée depuis moins d'une année et qui demandent à y rentrer.

Les engagements et les rengagements ont une durée de un à quatre ans.

La prime, qui varie de 125 à 600 piécettes, est payée en deux portions : moitié de la première portion aux engagés dès leur admission, le reste après 6 mois de service ; première portion aux rengagés dès leur admission. La deuxième portion est payée aux engagés et aux rengagés après la deuxième année de service.

L'engagement ou le rengagement donne toujours droit à un supplément de solde journalier de 1 réal. Après 17 ans de service, cette haute paye journalière peut être portée à deux réaux. La limite d'âge pour le service volontaire est fixée à 45 ans ; pour les services auxiliaires, à 50 ans. Sauf le cas de blessures, la retraite des hommes de troupe varie de 22 à 65 piécettes.

Les sous-officiers ayant au moins douze ans de service ont droit à des emplois civils qui peuvent s'élever jusqu'à 1,250 piécettes.

Dans l'armée coloniale, les primes sont doubles de celles de l'armée péninsulaire, soit 250 à 1,200 piécettes.

Chaque 1er décembre, les municipalités arrêtent les listes de recensement et les transmettent aux commandants des 140 zones de recrutement. Les contrôles du recrutement sont immédiatement arrêtés, et le tirage au sort fixé.

Tous ceux qui sont appelés à servir l'État pendant 12 ans sont successivement classés dans l'une des catégories suivantes :

Position active pendant 6 ans :

1° Inscrits sur les contrôles du recrutement ;

2° Sous les drapeaux ;

3° En réserve active ou en congé ;

4° Versés aux dépôts et recrues conditionnelles ;

Position dans la réserve pendant 6 ans :

Seconde réserve.

Sont versés dans la catégorie n° 1, tous les jeunes gens, dès leur 19e année ;

Dans la catégorie n° 2, tous ceux qui sont inscrits sur les registres du recrutement, à l'exception des insoumis qui sont envoyes aux colonies et de ceux dont les numéros de tirage sont les plus bas ;

Dans la catégorie n° 3, tous ceux qui sont restés pendant 3 ans dans la 2e catégorie. Légalement, ils doivent 3 ans de service actif, mais généralement on les renvoie dans le courant de la 3e année ;

Dans la catégorie n° 4, les exonérés à prix d'argent, inscrits sur les matricules des bataillons de dépôt. En cas de guerre, ils peuvent être encadrés dans des corps de première ou de seconde ligne ;

Dans la catégorie n° 5, tous ceux de la 2e et de la 3e catégorie qui entrent dans leur 7e année de service. Ils forment la seconde réserve et peuvent être convoqués pour des périodes d'instruction de 30 jours au plus.

Le nombre de jeunes gens appelés à prendre part au tirage au sort est de 160,000 hommes environ et le chiffre du contingent de 70,000 hommes, dont 10,000 sont affectés à l'infanterie de marine et aux troupes coloniales. Après 4 ans de service effectif dans les colonies, chaque soldat passe dans la réserve.

Les hommes pour la flotte comme pour l'armée péninsulaire, l'armée de Cuba, l'armée de Porto-Rico et l'armée des Philippines sont fournis par le contingent annuel.

Voici l'effectif approximatif de l'armée péninsulaire :

Gardes du roi.	283	hommes.
Infanterie (compris la réserve). . .	169,972	—
Artillerie	12,369	—
Génie.	4,016	—
Cavalerie	16,821	—
Milices locales	19,629	—
Remontes	600	—
Administration militaire	1,575	—
Corps de santé	445	officiers.
Aumôniers	266	aumôniers.
Garde civile	12,788	hommes.
Carabiniers	13,451	—

Total des troupes coloniales : 81,457 hommes pour Cuba, la Havane, Porto-Rico, Philippines, Canaries, Ceuta, etc.

Les Espagnols peuvent mettre sur pied 700,000 hommes environ, dont 400,000 parfaitement instruits.

En cas de guerre, l'armée d'opération comprendrait probablement 18 divisions, réparties en 9 corps d'armée.

Chaque division se composerait de 8 bataillons d'infanterie, 3 ou 4 batteries d'artillerie de campagne ou de montagne, 2 à 3 escadrons de cavalerie, 1 compagnie du génie, 1 parc de colonnes de munitions, les services administratifs et sanitaires.

En Espagne, les transports ne sont pas assurés par le train, mais par voie de réquisition.

L'infanterie est armée du fusil Remington. On étudie en ce moment un fusil à répétition.

Dans la cavalerie, 10 régiments de chasseurs et 12 régiments de hussards sont armés d'un sabre et d'une carabine Remington, 12 régiments de lanciers sont armés : 1/4 comme les régiments précédents, 3/4 d'une lance et d'un sabre.

La cavalerie est montée en chevaux andalous. L'artillerie ne se sert que de mulets ; ses pièces sont en acier se chargeant par la culasse et d'une valeur balistique égale à celle des autres artilleries européennes.

CHAPITRE V.

MINISTÈRE DE LA GUERRE.

Administration centrale. — Comités.

Au sommet de la hiérarchie sont placés :

1° Le roi, qui est généralissime de l'armée ; 2° le ministre de la guerre, qui est chargé d'assurer l'organisation, l'instruction, le service et la discipline de l'armée.

Auprès du ministre fonctionnent : un secrétariat, divisé en quatre sections, à la tête desquelles se trouvent des brigadiers, assistés de colonels comme sous-chefs ; l'Administration centrale, qui comprend, en dehors du service d'état-major général, les divers services de l'armée (contrôle, infanterie, cavalerie, artillerie, génie, administration, poudres et salpêtres, service de santé, etc. ; et divers comités ou commissions pour préparer la solution de toutes les questions militaires susceptibles d'être tranchées directement ou d'être soumises au chef de l'État ou au Parlement (défense, état-major, infanterie, cavalerie, artillerie, poudres et salpêtres, fortifications, administration, service de santé, hygiène hippique, télégraphie militaire, chemins de fer, force armée ou gendarmerie, etc., etc.).

La direction générale de chaque arme est confiée à un officier général *directeur*, qui prend l'initiative de toutes les réformes utiles à l'arme et surveille leur application. Ce directeur est assisté d'un officier supérieur qui le représente auprès du ministre.

CHAPITRE VI.

DIVISIONS MILITAIRES. — DIVISIONS ADMINISTRATIVES.

Principales défenses. — Principaux établissements des armées de terre et de mer : manufactures d'armes, arsenaux, chantiers de construction, etc. — Principales académies ou écoles militaires.

Le territoire de l'Espagne et de ses colonies est divisé en 16 capitaineries générales et en 49 intendances civiles, réparties suivant le tableau ci-après :

Tableau des capitaineries générales, des intendances civiles et des principales places fortes.

INTENDANCES CIVILES ou provinces.	CHEFS-LIEUX.	PRINCIPALES PLACES FORTES.
1 — Capitainerie générale de Nouvelle-Castille (siége à Madrid).		
Madrid	Madrid.	
Guadalajara . .	Guadalajara.	
Tolède	Tolède.	

INTENDANCES CIVILES ou provinces.	CHEFS-LIEUX.	PRINCIPALES PLACES FORTES.
Cuenca. . . .	Cuenca.	
Ciudad Real. .	Ciudad Real.	
Ségovie. . . .	Ségovie.	
II. — Capitainerie générale de Vieille-Castille et Léon (siége à Burgos).		
Burgos	Burgos . . .	Burgos, sur l'Arlanzon.
Logroño . . .	Logroño. . .	Logroño, sur l'Èbre.
Santander. . .	Santander . .	Santander, sur l'Océan Atlantique.
. . . .	. . . .	Santona, *idem*.
Soria.	Soria.	
Oviédo	Oviédo.	
Avila.	Avila.	
Léon.	Léon	Léon, au confluent du Torio et de la Bernesga.
Palencia. . . .	Palencia.	
Valladolid. . .	Valladolid.	
Salamanque . .	Salamanque.	
. . . .	. . . .	Ciudad Rodrigo, sur l'Agueda.
Zamora. . . .	Zamora.	
. . . .	. . . .	Toro, près de la rive droite du Douro.
III. — Capitainerie générale de Galice (siége à la Corogne).		
La Corogne . .	La Corogne. .	La Corogne, sur l'Océan Atlantique.
. . . .	. . . .	Le Ferrol, *idem*.
Lugo.	Lugo.	
Orense	Orense.	
Pontevedra . .	Pontevedra.	
. . . .	. . . .	Le Vigo, *idem*.
IV. — Capitainerie générale d'Estramadure (siége à Badajoz).		
Badajoz. . . .	Badajoz . . .	Badajoz, sur le Guadiana.
. . . .	. . . .	Albuquerque, près de la Gévora.

INTENDANCES CIVILES OU PROVINCES.	CHEFS-LIEUX.	PRINCIPALES PLACES FORTES.
		Olivenza, près de la rive gauche du Guadiana.
Cacérès.	Cacérès.	
		Alcantara, domine le lit du Tage.
		Valencia, sur l'Avid.
		Almaraz, sur le Tage.

V. — Capitainerie générale d'Andalousie (siége à Séville).

Séville	Séville.	
Huelva	Huelva.	
		Paimogo, près de la rive gauche du Guadiana.
Cadix	Cadix	Ile de San-Fernando, sur l'Océan Atlantique.
		Le Trocadéro, *idem*.
		Tarifa, sur le détroit du même nom, entre l'Océan Atlantique et la Méditerranée.
		Algésiras, sur la Méditerranée.
		Camp de San-Roque, *idem*.
Cordoue	Cordoue.	

VI. — Capitainerie générale de Grenade (siége à Jaën).

Jaën	Jaën.	
Grenade	Grenade.	
Alméria	Alméria	Alméria, sur la Méditerranée.
Malaga	Malaga	Malaga, *idem*.
		Ronda, sur le Tajo.

VII. — Capitainerie générale de Valence et Murcie (siége à Valence).

Valence	Valence.	
		Jativa, près du confluent de la Montesa et de l'Abbeyda.
Alicante	Alicante	Alicante, sur la Méditerranée.
Castellon de la Plana.	Castellon de la Plana.	

INTENDANCES CIVILES ou provinces.	CHEFS-LIEUX.	PRINCIPALES PLACES FORTES.
		Peñiscola, sur la Méditerranée.
		Morella.
Murcie	Murcie.	
		Carthagène, sur la Méditerranée.
Albacète	Albacète.	

VIII. — Capitainerie générale de Catalogne (siége à Barcelone).

Barcelone	Barcelone	Barcelone.
		Cardona, sur le Cardonero.
Tarragone	Tarragone	Tarragone, sur la Méditerranée.
		Tortose, sur l'Èbre.
Lérida	Lérida	Lérida, sur la Sègre.
		Balaguer, *idem*.
		Urgel, *idem*.
		Belver, *idem*.
Gérone	Gérone	Gérone, sur le Ter.
		Hostalrich, sur la Tordera.
		Figuières, au centre de la grande plaine de l'Ampurdan.
		Rosas, sur la Méditerranée.

IX. — Capitainerie générale d'Aragon (siége à Saragosse).

Saragosse	Saragosse	Saragosse, sur l'Èbre.
		Mequinenza, *idem*.
Huesca	Huesca.	
		Mouzon, sur la Cinca.
		Jaca, sur l'Aragon.
Teruel	Teruel.	
		Albarracin, domine le cours du Guadalaviar.

X. — Capitainerie générale de Navarre (siége à Pampelune).

Pampelune	Pampelune	Pampelune, sur l'Arga.
		Tafalla, près du Zidacos.
		Tudela, sur l'Èbre.

INTENDANCES CIVILES ou provinces.	CHEFS-LIEUX.	PRINCIPALES PLACES FORTES.

XI. — Capitainerie générale des Provinces Basques (siége à Vitoria).

Vitoria	Vitoria. . . .	Vitoria, près de la Zadorra.
Bilbao	Bilbao. . . .	Bilbao, sur le Nervion.
Saint-Sébastien.	St-Sébastien. .	Saint-Sébastien, sur l'Océan Atlantique.
. . . .	. . . .	Fontarabie, à l'embouchure de la Bidassoa.
. . . .	. . . .	Irun, sur la rive gauche de la Bidassoa.

XII. — Capitainerie générale des Iles Baléares [Majorque, Minorque, Cabrera, Iviça, Formentera] (siége à Palma [Majorque]).

Iles Baléares. .	Palma	Palma (ile Majorque).
. . . .	. . . .	Pollenza (*idem*).
. . . .	. . . .	Mahon (ile Minorque).
. . . .	. . . .	Hira (ile Iviça).

XIII. — Capitainerie générale des iles Canaries [Grande-Canarie, Lanzarote, Fortaventura, Gomera, Hierro, Palma, Ténériffe et plusieurs ilots] (siége à Santa-Cruz de Ténériffe).

Les Canaries. . Ténériffe.

Total : 49 intendances civiles.

ILES.	CHEFS-LIEUX.	PRINCIPALES PLACES FORTES.

XIV. — Capitainerie générale de Cuba (siége à la Havane).

Cuba	La Havane. .	La Havane, sur l'Océan Atlantique.

XV. — Capitainerie générale de Porto-Rico (siége à San-Juan de Porto-Rico).

Porto-Rico.	San-Juan de Porto-Rico.	San-Juan de Porto-Rico, *idem*.

ILES.		CHEFS-LIEUX.	PRINCIPALES PLACES FORTES.

XVI. — Capitainerie générale de l'Archipel des Philippines (siége à Yap).

Iles			
Iles Carolines, Océan Pacifique.	Yap. Oulouty. Roug. Duperré. Namanoiuto. Semiavine. Oualan. Puynipet.	Yap.	
Iles Palaos, Océan Pacifique.	26 iles.		
Iles Mariannes, Océan Pacifique.	Guam. Rota. Tinian. Seypan. Agrigan. l'Assomption.	San Ygnacia de Agana.	

Présides.

Ceuta . . . . Ceuta.
Peñon de Velez. . . . . Peñon de Velez.
Alhucemas . . . . »
Mélilla . . . . Mélilla.

Principaux établissements des armées de terre et de mer : manufactures d'armes, arsenaux, chantiers de construction, etc.

Basileas, chantier de construction ;

Cadix, premier port militaire de l'Espagne, arsenal et chantier dans l'île de Caraca ;

Carthagène, arsenal ;

Corogne (La), arsenal ;
Ferrol (Le), arsenal, chantier de construction ;
Fernando (San-), fonderie, observatoire ;
Laredo-Santona, arsenal ;
Madrid, fabrique de poudre, observatoire ;
Murcie, fabrique de salpêtre ;
Plasencia, manufacture d'armes, fonderie de canons ;
Puntalès, chantier de construction ;
Ronda, fabrique d'armes à feu ;
Séville, fonderie de canons, ateliers de pyrotechnie ;
Ségovie, manufacture d'armes, fonderie de canons ;
Tolède, armes blanches renommées ;
Tolosa, armes blanches et à feu.

Principales académies ou écoles militaires.

Tolède, siège de l'académie générale de toutes les armes et spécialement de l'infanterie ;

Valladolid, siège de l'académie de la cavalerie ;

Ségovie, siège de l'académie de l'artillerie ;

Guadalajara, siège de l'académie du génie ;

Madrid, siège de l'académie d'état-major ;

San-Fernando ou Léon, siège de l'académie de la marine et de l'artillerie de marine.

Hôpitaux militaires[1].

Madrid ;	Alicante ;	Vitoria ;
Alcala de Henares ;	Cartagena ;	Bilbao ;
Guadalajara ;	Coruña ;	San Sebastian ;
Barcelona ;	Zaragoza ;	Palma ;
Gerona ;	Granada ;	Mahon ;
Tarragona ;	Malaga ;	Santa Cruz de Tenerife ;
Sevilla ;	Valladolid ;	Melilla ;
Algeciras ;	Badajoz ;	Chafarinas ;
Cadiz ;	Pamplona ;	Alhucemas ;
Ceuta ;	Burgos ;	Peñon.
Valencia ;	Santoña ;	

1. Nous écrivons les noms des villes tantôt à la française, tantôt à l'espagnole.

Service des subsistances (Factoreries).

Madrid ;
Toledo ;
Guadalajara ;
Segovia ;
Alcala ;
Aranjuez ;
Vicalvaro ;
Leganes ;
El Pardo ;
Barcelona ;
Gerona ;
Lérida ;
Tarragona ;
Figueras ;
Reus ;
Sevilla ;
Cordoba ;
Cadiz ;
Ceuta ;
Algeciras ;
Jerez ;
Valencia ;
Alicante ;
Cartagena ;
Castellon ;
Morella ;
Coruña ;
Ferrol ;
Zaragoza ;
Granada ;
Malaga ;
Jaën ;
Valladolid ;
Zamora ;
Badajoz ;
Pamplona ;
Estella ;
Burgos ;
Santoña ;
Soria ;
Logroño ;
Vitoria ;
Bilbao ;
San Sebastian ;
Palma ;
Mahon ;
Santa Cruz de Tenerife.
Melilla ;
Chafarinas ;
El Peñon ;
Alhucemas.

CHAPITRE VII.

HIÉRARCHIE (ARMÉE DE TERRE).

Au sommet de la hiérarchie sont placés :

1° Le roi, généralissime de l'armée ;

2° Le ministre de la guerre, directeur général de l'armée.

La hiérarchie des grades comprend :

Les officiers généraux :

Capitaine général, nommé à vie (maréchal) ;

Lieutenant général (commandant de capitaineries générales ou corps d'armée) ;

Maréchal de camp (général de division) ;

Brigadier (général de brigade).

Les officiers supérieurs :

Colonel ;

Lieutenant-colonel ;
Commandant.
Les officiers subalternes :
Capitaine ;
Lieutenant ;
Alférez ou sous-lieutenant.
Les sous-officiers :
Sergent de 1re classe, sergent-major ;
Sergent de 2e classe, sergent.
Les caporaux et les soldats :
Caporaux de 1re et de 2e classe ;
Soldats.

La particule Don (de) précède toujours le prénom et le nom de tout Espagnol, aussi bien civil que militaire.

Dans l'armée espagnole, les officiers peuvent posséder deux grades : le grade effectif et le grade honoraire. Les officiers des armes spéciales peuvent en acquérir un troisième : le grade personnel.

L'officier, pourvu d'un grade effectif, possède souvent un grade honoraire, toujours supérieur au grade effectif d'un ou deux degrés, et quelquefois un grade personnel, supérieur lui-même au grade honoraire d'un ou deux degrés, s'il est officier d'artillerie, du génie ou d'état-major.

Exemple : un commandant d'artillerie peut être possesseur du grade honoraire de lieutenant-colonel et du grade personnel de colonel ; il a alors l'autorité effective attachée à l'emploi de ce dernier grade, mais en dehors de ses fonctions d'officier d'arme spéciale.

Avancement. — L'avancement est exclusivement donné à l'ancienneté. Mais, s'il s'agit de fait de guerre, ce principe est immédiatement annulé, pour l'infanterie et la cavalerie, par la concession du grade honoraire supérieur d'un ou deux degrés au grade effectif, et pour les armes spéciales par la concession du grade honoraire et par celle du grade personnel.

Le grade honoraire d'un degré ne procure aucun avantage immédiat au titulaire, mais il lui fait prendre rang dans cet emploi à la date de la concession du grade, quand son ancienneté l'appelle à un emploi supérieur ; pour cela, il doit avoir deux ans de service effectif dans l'emploi inférieur.

Le grade honoraire de deux degrés donne droit à l'ancienneté dans ce grade, à partir du jour où l'officier a été promu à un grade supérieur.

Le grade personnel donne droit au titulaire à la solde, aux honneurs et aux prérogatives fixés par les règlements pour ce grade, sans jamais lui enlever son ancienneté et sa situation dans l'emploi qu'il remplit dans son arme.

Les grades effectifs sont représentés par des étoiles, les grades honoraires par des galons.

CHAPITRE VIII.

MARQUES DISTINCTIVES DES GRADES.

Voici quelles sont les marques distinctives des grades :

Officiers généraux. — Pour les capitaines généraux (maréchaux), trois torsades d'or plates autour des parements avec une baguette d'encadrement dentelée au-dessus de la torsade supérieure ; une écharpe-ceinture de commandement, ornée de trois rangs de broderies, appelée *faja* ;

Pour les lieutenants généraux (commandants de capitaineries générales ou corps d'armée), deux torsades d'or aux parements et la *faja* ;

Pour les maréchaux de camp (généraux de division), une seule torsade, mais un peu plus large, et la *faja* ;

Pour les brigadiers (généraux de brigade), une torsade de la dimension de celle des maréchaux de camp et la *faja*, mais en argent.

Officiers supérieurs. — Pour les colonels, 3 galons plats

(or ou argent suivant la couleur du bouton), et 3 étoiles à 8 pointes (brodées or ou argent mat et placées au-dessous des galons) ;

Pour les lieutenants-colonels, 2 galons et 2 étoiles, comme les galons et les étoiles des colonels, et placés de la même manière ;

Pour les commandants, 2 galons et 2 étoiles (1 galon or et 1 galon argent, 1 étoile or et 1 étoile argent), placés de la même manière.

Officiers subalternes. — Pour les capitaines, 3 galons (or ou argent et 3 étoiles or ou argent), placés au-dessus des galons ;

Pour les lieutenants, 2 galons et 2 étoiles, comme les capitaines, et placés de la même manière ;

Pour les alférez ou sous-lieutenants, 1 galon et 1 étoile comme les précédents, et placés de la même manière.

Corps auxiliaires, officiers généraux. — Pour les membres assimilés aux officiers généraux, une torsade plate, en or pour les intendants d'armée, en argent pour les intendants divisionnaires.

Officiers de santé. — Pour les officiers de santé, des baguettes brodées au lieu des galons.

Vétérinaires. — Pour les vétérinaires, des baguettes brodées au lieu des galons, avec deux VV.

Officiers d'administration. — Pour les officiers d'administration, des baguettes brodées au lieu des galons.

Officiers surnuméraires. — Tous les officiers de l'armée espagnole peuvent être placés, sur leur demande, dans la position spéciale d'officiers surnuméraires sans solde. Les deux premières années de surnumérariat leur comptent pour l'ancienneté ; les autres pour la moitié. Ils peuvent être rappelés à l'activité ;

Pour les chapelains de 1re classe (chapelains-majors attachés au vicariat général, au ministère de la guerre, au corps des hallebardiers et des invalides, aux diverses académies militaires), 4 soutaches en soie rouge et filigrane d'or.

Aumôniers militaires. — Pour les chapelains de 2e classe (chapelains attachés aux régiments d'artillerie et du génie, et à 15 hôpitaux où ils sont détachés), 3 soutaches en soie rouge et filigrane d'or ;

Pour les chapelains de 3e classe (chapelains attachés aux régiments de cavalerie, aux établissements de l'arme et à 12 hôpitaux), 2 soutaches en soie rouge et filigrane d'or ;

Pour les chapelains de 4e classe (chapelains attachés aux régiments d'infanterie, aux bataillons de chasseurs, à la remonte de l'artillerie, à la 14e légion de la garde civile et à 17 hôpitaux), 1 soutache en soie rouge et filigrane d'or.

Sous-officiers et caporaux. — Pour les sergents-majors, gradués sous-lieutenants, un galon sur le parement ;

Pour les sergents-majors ou sergents de 1re classe, 3 galons-ganse (or ou argent), placés de la couture inférieure près des parements à la couture extérieure près du coude ;

Pour les sergents de 2e classe, 2 galons-ganse, placés de la même manière ;

Pour les caporaux de 1re et de 2e classe, 2 galons en laine rouge, placés de la même manière ;

Pour les sous-officiers et pour les caporaux, il n'existe pas de dénomination différente dans les armes spéciales.

CHAPITRE IX.

UNIFORMES.

Les officiers généraux portent la tunique bleu foncé à un rang de boutons ; le pantalon de même couleur ; le casque à pointe en cuir bouilli noir ; la ceinture en tissu de soie d'argent ou d'or, suivant le grade.

Les officiers d'état-major ont la tunique bleu foncé, le pantalon même couleur, mais avec une bande bleu de ciel, la ceinture en soie bleu de ciel.

Les insignes des aides de camp sont les aiguillettes à 3 ferrets, 2 ou 1 ferret d'or pour ceux attachés à un capitaine général, un lieutenant général ou un maréchal de camp.

Les insignes des officiers d'ordonnance sont les mêmes, mais avec cette différence qu'ils sont en argent.

Les aides de camp et les officiers d'ordonnance sont toujours pris dans l'infanterie ou dans la cavalerie et jamais dans l'état-major ou les armes spéciales; ils portent la tenue de leur corps, avec bottes réglementaires de la cavalerie.

Les uniformes de l'infanterie, de la cavalerie, de l'artillerie et du génie sont :

Pour l'infanterie de ligne, tunique bleu foncé à un rang de boutons jaunes, avec collet rouge et pattes d'épaule bleu foncé, passepoilées rouge et tresse rouge. Pantalon rouge à bandes noires. Capote gris-bleu à deux rangs de boutons jaunes, avec pattes d'épaule terminées par des bourrelets rouges. Shako, appelé *ros*, en feutre gris, avec garnitures et pompon rouge, cocarde jaune et rouge, recouvert d'une toile cirée noire. Espadrilles à cordons noirs. Fourniment noir. Sac en peau. Couverture grise roulée sur le sac. Gourde en cuir noir.

Pour les chasseurs à pied, même tenue; seulement le collet, les passepoils, les bourrelets, les garnitures du skako sont verts.

Les officiers supérieurs ont le shako orné d'un pompon ou macaron blanc, au lieu de l'avoir rouge ou vert comme les officiers subalternes d'infanterie ou de chasseurs à pied.

Pour faire campagne, la tenue est ainsi modifiée : pour l'infanterie et les chasseurs à pied, vareuse-dolman en drap bleu-gris, avec écusson au collet, rouge pour l'infanterie, vert pour les chasseurs, fermant à un rang de boutons. Les pattes d'épaule des officiers consistent en une double torsade d'or. Pantalon garance à doubles bandes noires.

Cavalerie. — Pour les lanciers et les dragons, tunique bleu foncé à un rang de boutons blancs, avec collet, passepoils et bourrelets rouges. Pantalon rouge garance à bande bleu foncé, avec fausses bottes en cuir noir. Manteau gris-bleu. Casque à pointe en acier avec garnitures de métal jaune. Fourniment noir. Sac à pain en toile.

Pour les chasseurs, dolman bleu de ciel, à tresses noires et boutons blancs, avec collet et passepoils rouges. Pantalon rouge-garance à bande bleu de ciel, avec fausses bottes en cuir noir. Fourniment noir. Sac à pain en toile.

Pour les hussards, 1 régiment dolman bleu de ciel et pelisse blanche sur l'épaule ;

1 régiment dolman rouge et la pelisse bleu de ciel. Les deux régiments ont les tresses et les boutons jaunes, le pantalon bleu de ciel avec bandes et nœuds hongrois, de couleur jaune, les fausses bottes en cuir noir, le shako de la couleur de la pelisse, le fourniment noir, le sac à pain en toile.

Artillerie. — Tunique bleu foncé à un rang de boutons jaunes, avec collet et pattes d'épaule en drap pareil à la tunique, passepoils et bourrelets rouges, bombe au collet. Pantalon bleu foncé à bandes rouges. Képi en drap bleu foncé avec turban rouge et passepoils rouges, cocarde nationale avec bombe cuivre. Fourniment blanc pour l'artillerie de campagne, noir pour l'artillerie de forteresse. Sac à pain toile.

Génie. — Même tenue ; seulement le pantalon est à doubles bandes, les boutons jaunes et le collet orné d'un petit château blanc.

CHAPITRE X.

ARMEMENT.

Infanterie. — Toute l'infanterie (ligne et chasseurs à pied) est armée de fusils Remington, à baïonnette. Chaque fantassin porte 100 cartouches, réparties dans deux cartouchières, une giberne et un sac.

Cavalerie. — Les lanciers sont armés d'une lance en bois noir, à flamme rouge garnie d'une bande centrale jaune, d'un revolver et d'un sabre demi-droit ;

Les dragons, les chasseurs et les hussards sont armés d'un sabre et d'une carabine Remington.

Artillerie. — L'armement des artilleurs consiste en un sabre et un revolver.

Génie. — Le génie a le même armement que l'infanterie. Les autres corps sont armés comme l'infanterie pour les troupes à pied et comme la cavalerie pour les troupes à cheval.

CHAPITRE XI.

RECRUTEMENT DES OFFICIERS.

Les officiers de l'armée espagnole sortent tous de l'*Académie générale militaire de Tolède.* Cette école est placée sous les ordres du directeur général de l'instruction militaire, assisté d'un officier général commandant. Les détails, les services et l'enseignement sont assurés par un personnel désigné à cet effet ; quant au service intérieur, il est fait par des sous-officiers, caporaux, soldats ou ordonnances, et quelques cavaliers tirés des corps.

Pour être admis à l'Académie, tout candidat doit remplir les conditions suivantes :

Être Espagnol; avoir 15 ans au moins et 18 ans au plus (cette limite est abaissée à 14 ans pour les fils de militaires et prolongée, pour les bacheliers ès arts, jusqu'à 22 ans, en s'engageant à partir de 19 ans); être pourvu de certificats universitaires (à partir de 1890, tous les candidats devront posséder le diplôme de bachelier ès arts); avoir l'aptitude physique nécessaire, une bonne conduite; verser, au moment du concours, 25 fr. pour les droits d'examen; subir avec succès les épreuves d'admission.

Les candidats fils d'officiers tués à l'ennemi ou morts des suites de blessures reçues dans un service commandé, entrent de plein droit à l'École, mais avec le minimum de points exigés pour l'admission.

A leur entrée, tous les élèves-officiers versent mensuellement une somme fixe de 5 fr., à titre de frais d'immatriculation, sauf les fils des officiers retraités et de ceux morts au service. Le prix de la pension est de 3 fr. par jour (les fils d'officiers généraux en activité versent seulement 1 fr. 50 c.; ceux des officiers généraux en retraite, 1 fr.; ceux des officiers en activité, jusqu'au grade de colonel, 1 fr.; ceux des officiers en retraite, jusqu'au grade de colonel, 50 c. Les fils d'officiers tués à l'ennemi ou morts au service sont reçus gratuitement).

Les élèves-officiers peuvent habiter dans leurs familles, si préalablement ils en ont obtenu la permission, ou jouir de bourses et de demi-bourses, s'ils remplissent certaines conditions.

Les cours commencent le 1er septembre et finissent le 30 juin; ils comprennent l'enseignement des mathématiques, de la fortification, de la stratégie, de la tactique de l'infanterie, des ordonnances militaires, de l'administration, du dessin, de la langue française, de la gymnastique, de l'équitation, de l'escrime, de la danse. De nombreux professeurs sont attachés au collège militaire de Tolède; les élèves sont formés en compagnies.

Les élèves-officiers qui désirent entrer dans l'administration militaire quittent, à la fin de la première année, l'Académie militaire de Tolède pour entrer dans l'Académie spéciale d'Avila, où ils suivent des cours pendant deux ans avant d'être nommés officiers d'administration de 3e classe.

Les élèves-officiers qui restent sont classés, à la fin de la deuxième année, en trois catégories, et suivent des cours spéciaux pour les diverses armes, suivant leur désir et surtout suivant le résultat final des examens. Ceux de la première catégorie comprennent les officiers-élèves d'infanterie; ceux de la deuxième, les officiers-élèves de cavalerie; ceux de la troisième, les officiers-élèves de l'artillerie, du génie ou de l'état-major.

Les élèves-officiers d'infanterie sont promus au grade effectif d'alférez ou sous-lieutenant, à la fin de la troisième année, et passent six mois à l'école de tir, installée dans le palais de Santa-Cruz à Tolède, avant d'entrer au régiment.

Les élèves-officiers de cavalerie entrent à l'académie spéciale de cavalerie, installée à Valladolid, après deux ans de séjour à l'Académie générale militaire de Tolède; la durée des cours est de deux ans. Les officiers-élèves de cavalerie sont promus au grade d'alférez ou sous-lieutenant, à la fin de la première année passée à l'école spéciale de cavalerie, et versés dans les régiments à la fin de la deuxième année.

Les élèves-officiers des armes spéciales sont promus au grade d'alférez ou sous-lieutenant, à la fin de la troisième année, et dirigés, suivant leur arme, soit sur l'académie d'artillerie à Ségovie, soit sur l'académie du génie à Guadalajara, soit sur l'académie d'état-major à Madrid. Ces officiers remplissent effectivement leurs fonctions après une première année d'études.

Pour l'infanterie et pour la cavalerie, nul ne peut suivre les cours préparatoires de l'Académie générale de Tolède, s'il a plus de 25 ans, et être admis dans les armes spéciales, s'il sort de l'Académie générale passé 23 ans.

Le premier et le second de chaque promotion reçoivent des récompenses (épées d'honneur, bronzes militaires, livres, etc.), en souvenir de leurs succès.

L'uniforme des élèves-officiers se compose d'un shako semblable à celui de l'infanterie, d'une pelisse-dolman en drap bleu foncé, d'un pantalon rouge-garance à double bande bleue.

L'armement est celui de l'infanterie, de la cavalerie ou des armes spéciales, suivant les années et les catégories.

Les bâtiments de l'Académie générale militaire de Tolède ont été récemment la proie des flammes ; en attendant qu'ils soient reconstruits, on fait les cours à présent dans des locaux aménagés à cet effet. Tolède est la capitale de l'intendance civile de son nom et fait partie de la capitainerie générale de la Nouvelle-Castille. Cette ville est située sur la rive gauche du Tage.

L'École de cavalerie possède, à Valladolid, une belle caserne, très bien appropriée à l'arme et admirablement située dans une plaine, au confluent de l'Esgueva et de la Pisergua, et près du canal de Castille. Valladolid est une résidence charmante, qui fait partie de la capitainerie générale de la Vieille-Castille et Léon. Cette ville est la capitale de l'intendance civile de son nom.

A Ségovie, l'école d'artillerie est installée dans l'Alcazar, château-fort d'origine mauresque et un des beaux monuments qui rappellent l'ancienne grandeur de la cité. Ségovie est la capitale de l'intendance civile de son nom et fait partie de la capitainerie générale de la Nouvelle-Castille. Cette ville est bâtie sur un roc élevé, près de la rivière d'Eresma.

L'École centrale du génie est logée à Guadalajara, dans l'ancienne manufacture royale de draps, bâtie par Philippe V. Ce monument a reçu cette affectation seulement depuis 1832, date la création de l'établissement central des ingénieurs. Guadalajara ou Gualaxara est la capitale de l'intendance de son nom et fait partie de la capitainerie générale de la Nouvelle-Castille. Cette ville est située sur la rive droite de l'Hénarès.

L'école d'état-major a son siège à Madrid. La capitale du royaume d'Espagne est le chef-lieu de l'intendance civile de son nom et le siège de la 1re capitainerie générale (Nouvelle-Castille). Cette ville a près de 18 kilomètres de tour; elle est située dans une plaine aride, sur le Manzanarès. Ses musées, ses bibliothèques, ses académies, en font un centre intellectuel de premier ordre. C'est Philippe II qui choisit Madrid pour capitale et dépouilla Tolède de ce titre (1560).

Le corps de la garde civile espagnole (gendarmerie) possède un collège d'enfants de troupe, à Valdemoro (6 kilomètres de Getafe). Cette école est destinée à former des élèves-gendarmes; les carabiniers (douaniers) ont une école semblable pour leurs enfants. Il existe aussi une école pour les orphelins d'infanterie, installée au palais de l'Infant. A Alcola de Hénarès est installée une magnifique école d'équitation et de maréchalerie. Nous citerons encore : les écoles régimentaires des corps de troupe; les écoles préparatoires à l'Académie générale, établies dans la capitale de chaque district militaire pour les fils d'officiers qui se destinent à suivre la carrière militaire; les académies militaires à Cuba et à Porto-Rico, où les candidats pour les diverses armes suivent les cours pendant deux ans, avant d'être admis à l'Académie générale de Tolède; l'académie militaire aux Philippines; l'académie générale d'infanterie de marine, qui est installée à Cadix et dont l'organisation comprend 4 sections destinées à remplir les deux cinquièmes des places vacantes d'alférez dans le corps de l'infanterie de marine, les trois autres cinquièmes revenant de droit aux officiers qui sortent du rang, etc., etc.

CHAPITRE XII.

ÉTAT-MAJOR GÉNÉRAL. — SERVICES GÉNÉRAUX.

L'état-major général comprend :

1° Les capitaines généraux,

2° Les lieutenants généraux,

3° Les maréchaux de camp,

4° Les brigadiers,

dont le nombre et la nomination dépendent de lois spéciales.

Le cadre de l'état-major général se compose de deux sections :

1° La section d'activité ;

2° La section de réserve.

Dans la section d'activité, sont tous les capitaines généraux, lieutenants généraux, âgés de moins de 72 ans; les maréchaux de camp qui n'ont pas dépassé 68 ans; les brigadiers ayant moins de 66 ans; les officiers généraux maintenus, sans limite d'âge, par suite de services éminents.

Dans la section de réserve, sont versés tous les officiers généraux précités qui sont parvenus à la limite d'âge, et ceux qui ont été placés par anticipation dans la section de réserve pour cause de santé. Ces officiers généraux peuvent toujours rentrer dans la section d'activité, sitôt leur rétablissement.

Les services généraux comprennent :

Pour le service d'état-major :

1° Un personnel d'officiers depuis le grade de colonel ;

2° Un personnel d'architectes et de secrétaires.

Pour le corps du contrôle de l'administration de l'armée :

Un personnel d'officiers, contrôleurs chargés de faire appliquer les règlements administratifs, en sauvegardant les intérêts du Trésor en même temps que les droits des tiers.

CHAPITRE XIII.

TROUPES.

Les troupes de l'armée de terre se divisent en deux catégories bien distinctes :

Celles qui composent l'armée péninsulaire et celles qui composent l'armée coloniale.

Les corps de troupes de toutes armes dont ces armées se composent sont :

L'infanterie, la cavalerie, l'artillerie, le génie, les services sanitaires, d'administration et des subsistances.

En Espagne, les transports ne sont pas assurés par le train des équipages militaires, mais par la voie de réquisition.

La composition des cadres des corps de troupes précités, sur le pied de paix et sur le pied de guerre et leurs effectifs en simples soldats, sont déterminés par des lois spéciales.

CHAPITRE XIV.

ARMÉE PÉNINSULAIRE.

Les troupes de l'armée péninsulaire sont réparties, suivant la classe à laquelle elles appartiennent :

1° Dans l'armée active ;

2° Dans l'armée de réserve ;

3° Dans les corps territoriaux de dépôt.

Armée active. — L'armée active est formée des six plus jeunes contingents, répartis entre :

1° L'infanterie (infanterie de ligne, chasseurs à pied et infanterie de marine);

2° La cavalerie (escadron de l'escorte royale, lanciers, chasseurs, hussards, section d'Afrique, établissements de remonte et dépôts d'étalons);

3° L'artillerie (artillerie divisionnaire, artillerie de corps d'armée, artillerie de montagne, artillerie de siège, artillerie de forteresse);

4° Le génie (sapeurs-mineurs, pontonniers, bataillon de chemins de fer, bataillon de télégraphistes, brigade topographique, section d'ouvriers);

5° Les services sanitaires, d'administration et des subsistances.

Armée de réserve. — L'armée de réserve est formée des six plus anciens contingents, répartis entre :

1° L'infanterie (infanterie de ligne et infanterie de marine);

2° La cavalerie (lanciers, chasseurs, hussards);

3° L'artillerie (dépôts de recrutement et de réserve d'artillerie).

Corps territoriaux de dépôt ou troupes de garnison. — Les corps territoriaux de dépôt sont formés des douze contingents de recrues non incorporés jusqu'ici, des trois dernières classes des soldats de la réserve active ayant 2 à 3 ans de service, et enfin des exemptés à divers titres. Les troupes de troisième ligne sont réparties dans 140 bataillons d'infanterie et un certain nombre d'escadrons (1 environ par régiment actif).

CHAPITRE XV.

EFFECTIFS DE L'ARMÉE ACTIVE.

Infanterie. — L'effectif de l'infanterie comprend :

60 régiments d'infanterie à 2 bataillons[1] de 4 compagnies ;

20 bataillons de chasseurs à pied à 4 compagnies ; en temps de paix, il existe toujours les cadres d'une compagnie de dépôt pour chacun de ces bataillons d'infanterie;

3 bataillons de discipline ;

Un certain nombre de tercios d'infanterie de marine, répartis dans les trois départements maritimes, où se trouvent déjà dans chacun d'eux, les cadres d'un tercio de dépôt et d'un tercio de réserve ;

3 brigades de gardiens des arsenaux;

1 compagnie de secrétaires pour le service administratif des départements maritimes.

L'état-major d'un régiment d'infanterie de ligne comprend : 1 colonel, 2 lieutenants-colonels, 4 commandants, 2 capitaines adjudants-majors, 2 trésoriers, 2 porte-drapeaux, 2 médecins, 2 chapelains, 1 chef de musique. Les officiers supérieurs et les capitaines adjudants-majors sont seuls montés.

Les bataillons sont à 4 compagnies de 230 hommes chacune, compris les officiers, les sous-officiers et les caporaux. Ils sont commandés par des lieutenants-colonels, assistés de 2 commandants, dont l'un est chargé de l'instruction, et l'autre de l'administration.

L'effectif de la compagnie étant de : 1 capitaine, 2 lieu-

---

1. D'après les nouveaux projets du général Cassola, les régiments seront formés dorénavant à 3 bataillons.

tenants, 2 alférez, 1 sergent-major, 8 sergents, 16 caporaux et 200 soldats, le régiment à 3 bataillons se compose, en temps de guerre, de: 78 officiers et 2,700 hommes, chiffre sensiblement réduit en temps ordinaire.

Outre le numéro d'ordre, les régiments portent un titre rappelant une tradition glorieuse.

Les bataillons se réunissent par groupe de deux pour former un régiment, commandé par un colonel. 4 bataillons forment une brigade, sous les ordres d'un brigadier, et 8, une division, à la tête de laquelle se trouve un maréchal de camp.

Les bataillons de chasseurs ont la même organisation que ceux de l'infanterie de ligne; l'effectif de chaque bataillon est de 38 officiers et 801 hommes de troupe.

L'infanterie de marine est chargée de la garde des ports et des arsenaux, et sert de troupes de débarquement dans les opérations maritimes; elle peut également prendre part aux opérations sur terre. Son organisation diffère peu de celle des unités tactiques d'infanterie.

Les officiers, sous-officiers, caporaux sont exercés, chaque année, au tir dans des concours qui ont lieu, en novembre, dans les chefs-lieux des districts militaires. Les meilleurs tireurs sont alors envoyés au concours central de Madrid. La distribution des prix aux lauréats donne lieu à une fête d'un très grand éclat, et à laquelle la nation tout entière tient à honneur d'assister. L'infanterie espagnole s'est toujours fait remarquer par son adresse au tir et sa vigueur à la marche.

Le recrutement des brigades de gardiens des arsenaux se fait dans l'infanterie de marine parmi les mieux notés. Ceux qui ont obtenu la faveur de passer dans ce corps d'élite, ont droit à une haute paye; ils portent, comme marque distinctive, sur le bras gauche, un chevron en soie blanche.

L'arme de l'infanterie est placée sous la haute direction

d'un officier général directeur et sous les ordres du Ministre de la guerre.

Cavalerie. — L'effectif de la cavalerie comprend :

1 escadron d'escorte royale ;
8 régiments de lanciers ;
4 régiments de dragons ;
14 régiments de chasseurs ;
2 régiments de hussards ;
4 établissements de remonte ;
4 dépôts et 2 sections d'étalons ;
1 section d'Afrique.

A chaque régiment de lanciers, dragons, chasseurs, hussards, correspond un régiment de réserve, dont nous expliquerons plus loin la composition, et un certain nombre d'escadrons territoriaux (1 environ par régiment actif).

L'escadron d'escorte royale est divisé en 4 sections et comprend : 1 colonel, 1 lieutenant-colonel, 1 commandant, 3 capitaines, 2 lieutenants adjudants-majors, 1 lieutenant trésorier, 5 lieutenants, 1 professeur vétérinaire, 1 sergent-major, 4 sergents, 4 premiers caporaux, 4 seconds caporaux, 1 caporal-trompette, 120 cavaliers de première classe, 3 maréchaux-ferrants, 1 forgeron et 4 trompettes, 122 chevaux de selle et 4 mulets de voiture.

L'état-major d'un régiment de cavalerie se compose de : 1 colonel, 1 lieutenant-colonel, 3 commandants, 4 capitaines, 3 lieutenants, 2 alférez ou sous-lieutenants, 1 aumônier, 1 médecin-major, 2 professeurs vétérinaires, 1 professeur d'équitation, 1 armurier, 1 sellier, 1 trompette-major, 1 caporal-trompette, 2 seconds sergents, 1 premier caporal et 30 chevaux.

Chaque régiment de cavalerie est à 4 escadrons ; chaque escadron est composé de : 1 capitaine, 4 lieutenants, 1 alférez ou sous-lieutenant, 1 sergent-major, 4 seconds sergents, 8 premiers caporaux, 8 seconds caporaux, 4 trompettes, 3 maréchaux-ferrants, 1 forgeron, 4 cavaliers de première classe, 139 cavaliers de deuxième classe. Total de l'effectif du régiment de cavalerie sur le pied de guerre : 43 officiers, 700 hommes et 649 chevaux, chiffre sensiblement réduit en temps de paix.

L'organisation des régiments de réserve comprend seulement les cadres sur le pied de paix, soit : 1 colonel, 1 lieutenant-colonel, 2 commandants, 5 capitaines, 6 lieutenants, 4 alférez, 4 sergents-majors, 2 seconds caporaux, 2 trompettes, 8 cavaliers de deuxième classe. Chaque régiment de réserve dépend d'un régiment actif et a une garnison fixe. C'est lui qui reçoit les recrues du régiment actif correspondant et qui les lui amène. Il est chargé, en outre, du contrôle de ses hommes, en cas de mobilisation, et de la matricule des animaux de selle, de trait et de bât, du district militaire où il a sa résidence.

Les régiments de cavalerie portent, comme ceux d'infanterie, non seulement un numéro d'ordre, mais encore un titre rappelant une tradition glorieuse.

Les régiments de cavalerie sont montés en chevaux andalous.

La section de chasseurs d'Afrique de Ceuta a un effectif de : 4 officiers et 50 cavaliers ; celle de Mélilla : 2 officiers, 1 vétérinaire, 1 sergent, 3 caporaux, 1 trompette, 1 maréchal-ferrant, 1 cavalier de première classe et 18 cavaliers disciplinaires. A l'exception des cavaliers disciplinaires, ces sections sont composées exclusivement de volontaires.

L'arme de la cavalerie est placée sous la haute direction d'un officier général directeur et sous les ordres immédiats du Ministre de la guerre.

Le service de la remonte est assuré par les dépôts de remonte et les dépôts d'étalons, établis dans chaque division territoriale.

Artillerie. — L'effectif de l'artillerie comprend:

5 régiments divisionnaires, à 6 batteries de 6 pièces et une colonne de munitions chacun;

5 régiments de corps d'armée, à 4 batteries de 6 pièces et une colonne de munitions chacun, plus 1 batterie d'artillerie à cheval de 4 pièces;

2 régiments de montagne, à 6 batteries de 6 pièces et une colonne de munitions chacun;

1 régiment de siège à 4 batteries de 6 pièces et une colonne de munitions;

9 bataillons d'artillerie de forteresse (les 3 premiers sont à 6 compagnies; les 5 suivants à 4 compagnies; le dernier à 4 compagnies, dont 2 au complet et 2 seulement avec cadres);

7 dépôts de recrutement et de réserve.

Effectif d'un régiment divisionnaire à 6 batteries de 6 pièces (5 régiments):

44 officiers;
579 hommes de troupe;
36 pièces en acier de 8 centimètres;
12 voitures de munitions;
6 voitures de sections.

Effectif d'un régiment de corps d'armée à 4 batteries de 6 pièces (5 régiments):

35 officiers;
456 hommes de troupe;
24 pièces de 9 centimètres;
8 voitures de munitions;
4 voitures de sections.
Plus 1 batterie d'artillerie à cheval:
3 officiers;
73 hommes de troupe;
40 chevaux de selle;
30 chevaux de trait;

4 pièces de 8 centimètres ;
2 caissons de munitions.

Effectif d'un régiment de montagne à 6 batteries de 6 pièces (2 régiments) :

44 officiers ;
752 hommes de troupe ;
36 pièces ;
108 cacolets de munitions portés à dos de mulets ;
12 cacolets de matériel, *id.*

Effectif d'un régiment de siège (1 régiment) :

40 officiers ;
579 hommes de troupe ;
16 canons de 24 centimètres ;
20 voitures de munitions.

Effectif d'un des bataillons d'artillerie de forteresse, n°s 1, 2 et 3, chacun à 6 compagnies et un état-major :

4 officiers ;
92 hommes de troupes.

N°s 4, 5, 6, 7 et 8, chacun à 4 compagnies et un état-major :

2 officiers ;
92 hommes de troupe.

N° 9, à 4 compagnies, dont les 2 premières au complet et un état-major (1 bataillon affecté à la 13ᵉ capitainerie générale des Canaries) :

4 officiers ;
93 hommes de troupe pour les compagnies complètes ;
3 officiers ;
10 sous-officiers et caporaux pour les compagnies incomplètes ;

L'artillerie de forteresse assure le service des Présides d'Afrique.

Les détachements sont relevés tous les six mois.

Les dépôts de recrutement et de réserve d'artillerie sont au nombre de 7. Les recrues et les réservistes des régiments et des bataillons sont répartis entre ces 7 dépôts, qui constituent des points très importants de mobilisation, de concentration et de réquisition, et comprennent un certain nombre des 140 districts militaires territoriaux.

L'arme de l'artillerie est sous la haute direction d'un officier général directeur, placé sous les ordres immédiats du ministre de la guerre.

L'artillerie espagnole n'emploie, comme animaux de trait, que des mulets. Les pièces sont en acier et se chargent par la culasse ; leur valeur balistique est égale à celle des autres artilleries européennes.

Le service de la remonte est assuré par les dépôts de remonte et les dépôts d'étalons, établis dans chaque division territoriale.

Génie. — L'effectif des troupes du génie comprend :

4 régiments de sapeurs-mineurs, à 2 bataillons de 4 compagnies ;

4 régiments de réserve, avec la même composition ;

1 régiment de pontonniers, à 1 bataillon de 4 compagnies ;

1 bataillon d'ouvriers militaires des chemins de fer, à 4 compagnies ;

1 bataillon de télégraphistes, à 4 compagnies ;

1 brigade topographique ;

1 section d'ouvriers ;

1 musique attribuée aux 5 régiments.

Les régiments sont commandés par des colonels. Les bataillons ont chacun leur état-major.

Effectif d'une compagnie de sapeurs-mineurs (4 par bataillons) :

1 capitaine ;

2 lieutenants ;

1 alférez ou sous-lieutenant ;

1 sergent-major ;

4 sergents ;

5 premiers caporaux ;

4 seconds caporaux ;

2 clairons ;

4 sapeurs de 1re classe ;

66 sapeurs de 2e classe.

Les 4 compagnies de chaque bataillon comportent : 1 forgeron et 1 élève, 1 maréchal-ferrant et 1 élève, plus 6 mulets.

Total de l'effectif d'un régiment du génie, à 2 bataillons de 4 compagnies :

45 officiers ;

369 hommes de troupe ;

24 mulets.

Une demi-section de sapeurs-mineurs est chargée dans chaque régiment d'assurer, en campagne, le service télégraphique de leur corps.

A chaque régiment actif de sapeurs-mineurs est adjoint un régiment de réserve qui n'a, en temps de paix, que ses cadres.

Effectif d'un régiment de réserve de sapeurs-mineurs :

1 lieutenant-colonel ;

1 commandant ;

1 capitaine ;

2 sergents.

C'est aux cadres des régiments de réserve du génie qu'incombent le recrutement et la libération des soldats de cette arme, ainsi que la tenue des contrôles des hommes, susceptibles d'être mobilisés.

Le *régiment de pontonniers* est commandé par un colonel.

Effectif du régiment de pontonniers (1 bataillon à 4 compagnies) :

28 officiers;
446 hommes de troupe;
30 chevaux de selle;
120 mulets.

L'effectif du *bataillon des ouvriers militaires des chemins de fer* comprend : 2 compagnies, l'une chargée des voies et travaux, l'autre de l'exploitation. Les cadres de chacune de ces sections se composent de : 1 capitaine, 3 lieutenants, 1 sergent-major, 6 sergents, 6 premiers caporaux, 5 seconds caporaux, 2 clairons, 4 soldats de 1re classe, 75 soldats de 2e classe.

Total de l'effectif du bataillon :

11 officiers;
421 hommes de troupe.

L'effectif du *bataillon des télégraphistes* comprend : 4 compagnies, composées à peu près comme celles des chemins de fer. Les 3 premières compagnies s'occupent du service de la télégraphie électrique, et la 4e des signaux et de la télégraphie optique.

Total de l'effectif du bataillon :

12 officiers ;
424 hommes de troupe.

La *brigade topographique* relève du commandant général du génie, attaché, en temps de guerre, au quartier général du corps d'armée.

La *section des ouvriers du génie*, chargée de la construction du matériel, comprend un effectif de : 1 capitaine, 1 lieutenant, 1 sergent-major, 2 sergents, 3 premiers caporaux, 2 seconds caporaux, 1 clairon, 51 ouvriers.

L'effectif de la musique attribuée aux 4 régiments du génie et affectée au régiment qui tient garnison à Madrid, est de : 1 chef de musique, 23 musiciens et 13 élèves.

Le corps du génie est placé sous la haute direction d'un

officier général directeur, placé sous les ordres immédiats du ministre de la guerre.

Le directeur général est assisté d'officiers répartis dans les différentes commandances générales du génie, divisées en chefferies.

Le personnel particulier de l'arme du génie comprend 4 classes :

1° Les officiers gardes du génie (capitaines, lieutenants, alférez ou sous-lieutenants) ;

2° Les conducteurs des travaux du génie militaire ;

3° Les appareilleurs, secrétaires, dessinateurs ;

4° Les ouvriers auxiliaires non militaires.

Le service de la *direction technique des communications militaires* (chemins de fer et route) est placé sous les ordres d'un brigadier.

Établissements des remontes.

Organisation actuelle d'un établissement.

1 colonel.	6,900	pesetas.
1 *teniente*-colonel	5,400	—
1 commandant.	4,800	—
2 capitaines à 3,600	7,200	—
5 *tenientes* à 2,400.	12,000	—
3 *alférez* à 2,100.	6,300	—
1 médecin en 1er.	3,000	
1 commissaire de guerre de 2e classe.	4,800	—
1 officier en 1er d'administration . .	3,000	—
1 officier en 2e d'administration. . .	2,580	—
1 vétérinaire en 1er.	3,000	—
1 vétérinaire en 2e	2,580	—
1 vétérinaire en 3e	2,100	—
	63,660	pesetas.

11 sergents de 2e classe ;
11 caporaux de 1re classe ;
8 caporaux de 2e classe ;
3 trompettes ;
3 maréchaux-ferrants ;
1 forgeron ;
4 soldats de 1re classe ;
118 soldats de 2e classe ;
22 chevaux de chefs et d'officiers ;
30 chevaux de troupe ;
8 mulets.

Projet d'organisation d'un établissement.

1 vétérinaire-major.	4,800 pesetas.
2 vétérinaires en 1er	6,000 —
2 vétérinaires en 2e.	5,160 —
1 vétérinaire en 3e.	2,100 —
1 commissaire de 2e classe.	4,800 —
1 officier en 1er	3,000 —
1 officier en 2e.	2,580 —
1 médecin en 1er.	3,000 —
1 professeur en 1er d'équitation. . .	3,000 —
1 professeur en 3e d'équitation . . .	2,100 —
	36,510 pesetas.

6 conducteurs de 1re classe ;
12 conducteurs de 2e classe ;
4 maréchaux-ferrants ;
1 forgeron ;
85 cavavaliers de remonte ;
12 chevaux de chefs et d'officiers ;
22 chevaux de conducteurs et de maréchaux-ferrants.
12 mules.

CHAPITRE XVI.

SERVICES AUXILIAIRES.

Les *services auxiliaires* comprennent :

1° Le corps des gardes-hallebardiers, à 2 compagnies d'un effectif de 20 officiers et 244 hommes de troupe (ce corps est chargé du service intérieur des palais royaux);

2° Le corps des officiers de santé ou médecins militaires et une brigade de troupe de santé ;

3° L'intendance militaire (ce corps comprend : 1 directeur général, des intendants généraux, des intendants d'armée, des intendants de division, des sous-intendants, des commissaires de 1re et de 2e classe) ;

4° Les troupes d'administration, commandées par 3 catégories d'officiers : ceux en 1er, ceux en 2e, ceux en 3e ;

5° Les 2 compagnies montées et 7 compagnies légères du train ;

6° La garde civile (gendarmerie), avec un effectif de 780 officiers et 14,756 hommes, répartis dans 16 tercios, qui dépendent du ministère de la guerre pour l'organisation, le personnel, la discipline, le matériel, et du ministère de l'intérieur pour le service ;

7° Les carabiniers (douaniers), avec un effectif de 92 compagnies et 22 sections à cheval, qui dépendent du ministère de la guerre pour la partie militaire et de la direction des douanes pour les perceptions.

CHAPITRE XVII.

AUMÔNERIE MILITAIRE.

L'aumônerie militaire, en dehors de certains services, doit assurer celui des corps de troupe. A cet effet, il existe 4 classes d'aumôniers :

1° Chapelains-majors de 1re classe (vicariat général, ministère de la guerre, corps des hallebardiers et des invalides, académies militaires);

2° Chapelains de 2e classe (régiments d'artillerie et du génie, 15 hôpitaux);

3° Chapelains de 3e classe (régiments de cavalerie, établissements de l'arme, 12 hôpitaux);

4° Chapelains de 4e classe (régiments d'infanterie, bataillons de chasseurs à pied, 14e légion de garde civile, 17 hôpitaux).

CHAPITRE XVIII.

CORPS DES INVALIDES.

Depuis les temps les plus anciens, tous les peuples ont eu à cœur de secourir les défenseurs de la patrie, privés d'un ou plusieurs membres : les Grecs avaient des *Prytanées* ou établissements d'invalides, les Romains distribuaient des portions de terres conquises à leurs légionnaires mutilés. Aujourd'hui, toutes les nations ont des établissements d'invalides : les Français, à Paris ; les Anglais, à Chelsea et à Greenwich ; les Allemands, près de Berlin ; les Russes, près de Gatchina ; les Suédois, à Upsal ; les Espagnols, à Madrid, à Cuba, à Puerto-Rico et aux Philippines.

L'Hôtel des Invalides, en Espagne, est installé très confortablement dans l'ancien couvent de Notre-Dame-d'Atocha, à Madrid. Tous les militaires, depuis le colonel jusqu'au simple soldat, blessés à la guerre ou dans un service commandé, ont deux ans pour solliciter leur admission à l'hôtel des invalides, à partir du jour où ils ont été blessés.

Avant son admission définitive, tout invalide passe dans la section des invalides surnuméraires. Le corps des invalides forme des compagnies de 100 hommes, commandées par 1 capitaine et 2 officiers d'un grade inférieur, lieutenants ou sous-lieutenants. Chaque compagnie se divise en escouades, sous les ordres de sous-officiers et de caporaux.

Après 15 ans de présence aux corps des invalides, les officiers peuvent avancer en grade, jusqu'à celui de colonel, et obtenir des récompenses militaires.

Les sous-officiers, caporaux et soldats ont droit aux récompenses militaires et aux hautes payes d'ancienneté, mais jamais à l'avancement.

Tous les trois ans, une visite médicale décide du maintien des intéressés du corps des invalides ou de leur renvoi, soit dans leurs foyers, soit dans leur corps respectif, suivant leur état de santé. L'invalide qui rentre s ses foyers, jouit de la retraite attribuée à son grade ctif; celui qui rejoint son corps, y rentre avec son de effectif, sauf dans les armes spéciales, si le grade a acquis aux invalides. Dans ce cas, le grade effectif ient un grade personnel, quitte plus tard à redevenir grade effectif.

es invalides sont classés en invalides péninsulaires et en invalides d'outre-mer. Les premiers sont casernés à l'hôtel des invalides, à Madrid; les seconds, à Cuba, à Puerto-Rico, aux Philippines, dans les locaux spéciaux affectés aux vieux serviteurs de la patrie, qui ont été blessés dans les colonies.

Les invalides peuvent être exclus de leurs corps par mesure de discipline ou le quitter sur une demande adressée au roi et transmise par la voie hiérarchique.

Le corps des invalides est commandé par un directeur général qui relève du Ministre de la guerre.

CHAPITRE XIX.

SERVICE DE LA JUSTICE MILITAIRE.

Le service de la justice militaire est fait par les conseils de guerre de chaque circonscription territoriale et par le conseil suprême de guerre et marine. Les conseils de guerre des districts militaires se divisent en *conseils de guerre ordinaires* pour les hommes de troupe et en *conseils de guerre des officiers généraux* pour les hommes de troupe décorés de l'ordre de San Fernando et pour tous les officiers.

Le conseil de guerre ordinaire comprend : 1 colonel ou 1 lieutenant-colonel, remplissant les fonctions de président, assisté de 6 capitaines comme juges et de 1 fonctionnaire des conseils judiciaires militaires (auditorial). Ce dernier n'a pas voix délibérative. Les officiers précités doivent appartenir tous au corps de l'accusé, mais pas à sa compagnie, escadron ou batterie. Les fonctions de commissaire du gouvernement sont toujours dévolues à un officier du grade de capitaine, lieutenant ou sous-lieutenant (alférez).

Les jugements des conseils de guerre ordinaires sont exécutoires sans appel, mais après la sanction du capitaine général de la circonscription et celle de l'auditeur chef du conseil judiciaire militaire, sauf pourtant quand il s'agit de condamnations à mort ou de peine perpétuelle. Dans ce cas, les jugements des conseils de guerre ordinaires doivent être confirmés, en temps de paix, par le conseil suprême judiciaire militaire et, en temps de guerre, par le commandant en chef de l'armée.

Le conseil de guerre des officiers généraux comprend : 1 lieutenant général ou maréchal de camp, remplissant les fonctions de président, assisté de 6 officiers généraux comme juges et de 1 fonctionnaire des conseils judiciaires militaires (auditorial). Les fonctions de commissaire du gouvernement sont toujours dévolues à un officier général ou supérieur, d'un grade supérieur ou au moins égal à celui de l'accusé. L'exécution des jugements des conseils de guerre des officiers généraux suit les mêmes règles que celles des conseils de guerre ordinaires.

Le conseil suprême de guerre ou marine comprend : 1 capitaine général remplissant les fonctions de président, assisté de 14 conseillers, officiers généraux, amiraux et auditeurs généraux des armées de terre et de mer.

Le corps des auditeurs est composé de licenciés ou de docteurs en droit. Il comprend plusieurs assimilations de grade, depuis celui de sous-lieutenant (alférez) jusqu'à celui de général de division (maréchal de camp). C'est aux auditeurs qu'incombent tous les détails des conseils judiciaires militaires.

Du service de la justice militaire dépendent les tribunaux, l'administration du service de la justice militaire, les ateliers de condamnés aux travaux publics, les pénitenciers militaires, les prisons militaires.

Les tribunaux comprennent le siège de chaque conseil de guerre ; — l'administration du service de la justice militaire, les officiers qui en font partie, — les ateliers de condamnés aux travaux publics, les militaires condamnés par les conseils de guerre pour des crimes ou délits prévus par le Code de justice militaire, ou ceux qui ont obtenu la commutation d'une peine plus grave ou la peine correctionnelle des travaux publics ; — les pénitenciers militaires, les militaires condamnés à l'emprisonnement par les conseils de guerre, ou ceux qui ont obtenu commutation d'une peine plus grave ; — les prisons militaires, les militaires en prévention, ceux sous l'escorte de la gendarmerie, ceux condamnés mais encore sans destination, ceux condamnés et non susceptibles d'être dirigés sur les pénitenciers.

CHAPITRE XX.

ORGANISATION DE L'ARMÉE DE TERRE.

(Armée active, armée de réserve, corps territoriaux.)

ARMÉE ACTIVE.	ARMÉE de réserve.	CORPS territoriaux.
	Infanterie.	
60 régiments d'infanterie de ligne ; 21 bataillons de chass. à pied (dont 1 à Ténériffe) ; 6 bataillons d'infanterie de marine ; 3 bataillons disciplinaires.	110 bataill. d'infanterie ; 6 batail. d'infant. de marine.	110 bataillons d'infanterie.
	Cavalerie.	
1 escadron d'escorte royale ; 8 régiments de lanciers ; 4 régiments de dragons ; 14 régiments de chasseurs ; 2 régiments de hussards.	28 régiments de caval. (1 pour chaque régim. actif).	28 escadrons de cavalerie (1 pour chaque régiment actif).
	Artillerie.	
5 régiments divisionnaires ; 5 régiments de corps d'armée ; 2 régiments de montagne ; 1 régiment de siège ; 9 bataillons de forteresse.	7 dépôts de recrutement et de réserve.	
	Génie.	
4 régiments de sapeurs-mineurs ; 1 régiment de pontonniers ; 1 bataillon de chemins de fer ; 1 bataillon de télégraphistes ; 1 brigade topographique ; 1 section d'ouvriers.	4 régiments de réserve.	

En temps de guerre, l'armée espagnole d'opérations comprendrait les troupes de l'armée active et celles de la réserve. Quant aux corps territoriaux, ils constitueraient l'armée de garnison qui serait renforcée des bataillons d'artillerie de forteresse composés de troupes de l'armée active.

Les troupes de l'armée active et de la réserve seraient réparties entre 9 corps d'armée, composés de 18 divisions. Un certain nombre de corps d'armée une fois réunis pourrait former une armée.

Chaque division serait composée de : 8 bataillons d'infanterie, 3 ou 4 batteries d'artillerie de campagne ou de montagne, 2 à 3 escadrons de cavalerie, 1 compagnie du génie, un parc de colonnes de munitions, les services administratifs et sanitaires. Le reste des unités tactiques recevrait une destination spéciale, suivant les besoins. Le service du train serait assuré par des voitures et des conducteurs de réquisition.

Actuellement, un corps d'armée est formé sous le titre de corps d'armée du Nord et comprend :

1 brigade d'avant-garde (6 bataillons de chasseurs) ;
2 divisions d'infanterie (8 bataillons) ;
1 régiment de cavalerie (4 escadrons) ;
1 brigade de réserve d'infanterie (4 bataillons) ;
2 batteries montées (8 canons) ;
5 batteries de montagne (30 canons) ;
1 régiment de cavalerie attaché au quartier général (4 escadrons).

Effectif de l'état-major général de l'armée.

En activité : 6 capitaines généraux, 48 lieutenants généraux, 63 maréchaux de camp, 180 brigadiers. Total : 297 officiers généraux.

Réserve : 16 lieutenants généraux, 38 maréchaux de camp, 113 brigadiers. Total : 167 officiers généraux, plus 7 brigadiers retraités. Total : 174.

Trésoriers permanents.

DISTRICTS.	COLONELS.	LIEUTENANTS-COLONELS.	COMMANDANTS.	TOTAL.
Castilla la Nueva.	1	2	7	10
Cataluña	1	2	3	6
Valencia	1	2	2	5
Andalucia. . . .	»	2	2	4
Granada	»	1	1	2
Ceuta.	»	1	2	3
Vascongadas. . .	»	»	2	2
Burgos	»	»	2	2
Aragon	»	»	2	2
Extremadura. . .	»	»	2	2
Galicia	»	»	1	1
Navarra.	»	»	1	1
Castilla la Vieja .	»	»	1	1
Baleares.	»	»	1	1
Canarias.	»	»	1	1
	3	10	30	43

CHAPITRE XXI.

EMPLACEMENT DES TROUPES.

Régiments d'infanterie.

NUMÉRO.	NOM.	GARNISON.
1.	Rey.	Zaragoza.
2.	Reina	Ceuta.
3.	Principe	Valladolid.
4.	Princesa	Valencia.
5.	Infante.	Zaragoza.
6.	Saboya.	Leganès.
7.	Africa	San Sebastian.
8.	Zamora	Coruña.
9.	Soria	Sevilla.
10.	Cordoba	Granada.
11.	San Fernando.	Leganès.
12.	Zaragoza.	Madrid.

NUMÉRO.	NOM.	GARNISON.
13.	Mallorca	Cartagena.
14.	America	Pamplona.
15.	Extramadura	Algeciras.
16.	Castilla	Badajoz.
17.	Borbon.	Malaga.
18.	Almansa	Barcelona.
19.	Galicia.	Zaragoza.
20.	Guadalajara.	Valencia.
21.	Aragon	Figueras.
22.	Gerona	Zaragoza.
23.	Valencia	San Sebastian.
24.	Bailen.	Burgos.
25.	Navarra	Zaragoza.
26.	Albuera	Tarragona.
27.	Cuenca.	Alcala.
28.	Luchana	Lérida.
29.	Constitucion	Pamplona.
30	Lealtad	Logroño.
31.	Asturias	Madrid.
32.	Isabel II	Valladolid.
33.	Sevilla.	Valencia.
34.	Granada	Sevilla.
35.	Toledo.	Salamanca.
36.	Burgos.	Burgos.
37.	Murcia.	Vigo.
38.	Leon	Madrid.
39.	Cantabria.	Pamplona.
40.	Malaga.	Sevilla.
41.	Covadonga	Alcala.
42.	Baleares	Guadalajara.
43.	Canarias	Madrid.
44.	Antillas	Cadiz.
45.	Garellano	Bilbao.
46.	San Marcial.	Santoña.
47.	Tetuan.	Alicante.
48.	España.	Valencia.
49.	San Quintin.	Lérida.

NUMÉRO.	NOM.	GARNISON.
50.	Pavia	Cadiz.
51.	Otumba	Valencia.
52.	Filipinas	Mallorca.
53.	Vad Ras	Madrid.
54.	Vizcaya	Cartagena.
55.	Andalucia	Santoña.
56.	Mindanao.	Mahon.
57.	Guipuzcoa	Barcelona.
58.	Luzon	Coruña.
59.	Asia.	Gerona.
60.	Alava	Jerez.
61.	Disciplinario de Ceuta.	

Bataillons de chasseurs.

NUMÉRO.	NOM.	GARNISON.
1.	Cataluña.	Cordoba.
2.	Madrid.	Vitoria.
3.	Barcelona	Barcelona.
4.	Barbastro.	Vitoria.
5.	Tarifa.	Badajoz.
6.	Figueras	Olot.
7.	Ciudad-Rodrigo	Madrid.
8.	Alba de Tormes	Valencia.
9.	Arapiles	Madrid.
10.	Las Navas	Vitoria.
11.	Llerena	Vitoria.
12.	Segorbe	Sevilla.
13.	Mérida.	Barcelona.
14.	Estella.	Orduña.
15.	Alfonso XII.	Barcelona.
16.	Reus	Coruña.
17.	Cuba	Malaga.
18.	Habana	Oviedo.
19.	Puerto-Rico	Madrid.
20.	Manila.	Madrid.
21.	Tenerife	Santa Cruz de Tenerife.

Disciplinario de Melilla.

Cavalerie.

Lanciers.

NOM.	GARNISON.
Rey	Zaragoza.
Reina	Alcala de Henarès.
Principe	Reus.
Borbon	Barcelona.
Farnerio	Valladolid.
Vilaviciosa	Badajoz.
España	Burgos.
Sagunto	Valencia.

Dragons.

Santiago	Granada.
Montesa	Madrid.
Numancia	Pamplona.
Lusitania	Aranjuez.

Chasseurs.

Almansa	Palencia.
Alcantara	Barcelona.
Talavera	Salamenca.
Albuera	Logroño.
Tetuan	Barcelona.
Castillejos	Zaragoza.
Alfonso XII	Sevilla.
Sesma	Valencia.
Villarrobledo	Cordoba.
Arlaban	Vitoria.
Galicia	Coruña.
Mallorca	Villafranca del Panadès.
Maria Cristina	Alcala de Henarès.
Vitoria	Jerez de la Frontera.

Hussards.

Princesa	Madrid.
Pavia	Madrid.

L'escadron de garde royale tient garnison à La Granja, magnifique château qui se trouve à Saint-Ildefonse (Vieille-Castille, 88 kil. de Madrid), résidence habituelle de la cour pendant une partie de l'année.

L'école de cavalerie a son siège, comme nous l'avons déjà dit, à Valladolid ; celle des maréchaux-ferrants est à Alcala de Henarès.

Il existe à Ceuta un détachement de cavaliers, dits de Ceuta.

Artillerie.

1er régiment de montagne, à Barcelone (1 batterie à Valence et 1 à Algéciras).

2e régiment de montagne, à Vitoria (5 batteries à Bilbao).

Régiment de siège (3 batteries à Madrid et 1 à Carabanchel).

1er régiment de corps d'armée, à Séville.

2e régiment de corps d'armée, à Madrid.

3e régiment de corps d'armée, à Burgos.

4e régiment de corps d'armée, à Madrid.

5e régiment de corps d'armée, à Vilcavaro.

1er régiment divisionnaire (1 batterie à Ségovie et 5 à Valladolid).

2e régiment divisionnaire, à Saragosse.

3e régiment divisionnaire, à Valence.

4e régiment divisionnaire, à Barcelone.

5e régiment divisionnaire, à Madrid.

Bataillons d'artillerie de place.

1er Barcelone.
2e Cadiz.
3e Malaga.
4e Ferrol.
5e Pamplona.
6e Cartagena.
7e Santoña.
8e Mahon.
9e Santa Cruz de Tenerife.

Génie (Ingénieros).

Sapeurs-mineurs :

1er bataillon, à Pamplona.
2e bataillon, à Burgos.

3ᵉ bataillon, à Sevilla.
4ᵉ bataillon, Barcelona.
Pontonniers, à Sarragosse.
Bataillon d'ouvriers des chemins de fer, à Madrid.
Bataillon de télégraphistes, à Madrid.
Brigade topographique, à Pamplona.

CHAPITRE XXII.

ARMÉE COLONIALE.

L'effectif de l'armée coloniale comprend : pour l'île de Cuba, 6 régiments d'infanterie de ligne à 3 bataillons de 4 compagnies ; 3 bataillons de chasseurs ; 9 compagnies de volontaires à pied et à cheval (*guerilleros*) ; 1 régiment de cavalerie ; 8 compagnies d'artillerie à pied ; 1 batterie de montagne ; 1 compagnie d'ouvriers ; 1 bataillon du génie à 6 compagnies (2 de sapeurs-mineurs, 2 de télégraphistes, 2 d'ouvriers militaires de chemins de fer) ; 1 brigade de santé ; une réserve de milice pour renforcer les effectifs ci-dessus en cas de guerre.

Pour l'île de Puerto-Rico, 4 bataillons d'infanterie de ligne ; 1 compagnie de discipline ; 1 bataillon d'artillerie à 4 compagnies ; 1 section d'ouvriers militaires ; 1 brigade de santé.

Pour les îles Philippines, 7 régiments de cipayes d'infanterie à 6 compagnies (2 1/2 brigades) ; 1 escadron de lanciers ; 1 régiment d'artillerie à 2 bataillons de 6 compagnies chacun ; 1 compagnie d'ouvriers militaires ; 1 bataillon du génie à 4 compagnies ; 1 brigade d'administration et de santé ; 3 légions de gardes civils à 8 compagnies ; 1 section de vétérans ; 12 compagnies de carabiniers (douaniers).

Recrutement. — Le recrutement des troupes de l'armée coloniale de Cuba et de Puerto-Rico se fait parmi les engagés volontaires de l'Espagne et des colonies, et par des prélèvements opérés sur le contingent péninsulaire, suivant certaines conditions du tirage.

Le recrutement des troupes de l'armée coloniale des Philippines se fait parmi les indigènes pour l'infanterie et la cavalerie, et par voie de tirage au sort. Les officiers sont tous de la Péninsule. Le régiment d'artillerie est entièrement composé de soldats européens. De même que pour le génie et la garde civile, les emplois de lieutenant et de sous-lieutenant dans le régiment d'artillerie sont confiés à des officiers d'infanterie ou de cavalerie.

Le gouverneur a une garde particulière composée d'Européens : 1 lieutenant, 1 sergent, 4 caporaux et 20 soldats.

La défense du territoire et l'organisation générale de l'armée sont confiées à un conseil supérieur consultatif de la guerre, présidé par un capitaine général et divisé en 3 sections correspondantes aux armes générales, aux armes spéciales et aux corps auxiliaires.

CHAPITRE XXIII.

CIRCONSCRIPTIONS MARITIMES.

L'Espagne est divisée en trois départements maritimes, dont le siège est à Cadix, au Ferrol et à Carthagène.

Le *département de l'île de Léon ou de Cadix* a, dans sa circonscription, le littoral des capitaineries générales suivantes : Grenade, Andalousie, Estramadure, Nouvelle-Castille, îles Canaries.

Celui du Ferrol : Galice, Vieille-Castille, Navarre, Provinces Basques.

Celui de Carthagène : Aragon, Catalogne, Valence, Iles Baléares.

Au 31 mai 1886, la flotte espagnole comprenait environ 145 navires portant 515 canons, avec un personnel de 673 officiers et 14,000 matelots, dont l'uniforme diffère peu des marines étrangères. L'infanterie de marine a un effectif d'environ 3,760 officiers et 7,033 hommes de troupe qui assurent la garde des ports militaires de la Péninsule et des Colonies, et forment le noyau des compagnies de débarquement pour chaque bâtiment de guerre. L'infanterie de marine peut être ajoutée aux forces militaires de terre, en cas de guerre.

C'est en Angleterre et en France qu'a été construite toute la flotte, dont voici, du reste, à peu près l'effectif :

5 frégates cuirassées de 1re classe, portant 60 canons ;
9 frégates à hélice, 220 canons ;
6 croiseurs de 1re classe, 48 canons ;
6 croiseurs de 2e classe, 18 canons ;
16 bâtiments divers de 2e classe, 50 canons ;
1 monitor, 3 canons ;
1 batterie flottante, 5 canons ;
57 canonnières, 62 canons ;
37 bâtiments divers de 3e classe, 49 canons ;
8 bateaux torpilleurs.

En armement ou en construction : 1 cuirassé, 12 croiseurs de 1re classe, 3 de 2e classe, 150 torpilleurs, 93 autres bâtiments[1].

Le service de la marine de guerre consiste dans la défense du littoral de la Péninsule ; dans celle des Présides d'Afrique : Ceuta, Peñon de Velez, Alhucemas, Melilla ; dans celle des colonies : Cuba, Porto-Rico, les Philippines ; et enfin dans celle des autres possessions en Afrique :

---

1. Le conseil supérieur de la marine fait également construire une nouvelle escadre qui sera composée de : 6 croiseurs cuirassés de 7,000 tonneaux chacun ; 3 croiseurs de 3,100 tonneaux ; 9 de 1,600 tonneaux ; 25 croiseurs-torpilleurs (type du *Destructor*) ; 31 torpilleurs de 2e classe ; 1 transport-arsenal ; 1 corvette-école ; 12 canonnières de 500 tonneaux ; 20 chaloupes à vapeur pour les colonies. On annonce également la construction de 6 navires de guerre de 7,000 tonneaux, 1 torpilleurs (type de l'*Arieste*), 20 torpilleurs de 60 tonneaux. La flotte espagnole va donc s'élever à la hauteur des marines de 1er rang.

les îles de l'Équateur dans le golfe de Guinée (Fernando-Po, Annobon, Corisco, Elobey); le cap San Juan; le port de Santa-Cruz de Mar-Pequeña, en face des Canaries; les îles Zoffarines, à la hauteur de la rivière Muluga, limite des possessions françaises dans le nord-ouest de l'Algérie.

CHAPITRE XXIV.

DU RECRUTEMENT MILITAIRE DANS LES CAPITAINERIES GÉNÉRALES ET DANS LES DÉPARTEMENTS MARITIMES.

Le soldat espagnol est un adversaire très redoutable, en raison de sa sobriété, de sa résistance à la fatigue et de ses qualités natives, essentiellement militaires et patriotiques.

Le marin espagnol est d'une nature brave, entreprenante, audacieuse, et possède une grande expérience.

Avec de pareils éléments, le recrutement des armées de terre et de mer est excellent. C'est pour la défense nationale un facteur de premier ordre, qui, joint à la nature topographique du pays, couvert de montagnes et traversé par de nombreux cours d'eau, augmente sa force dans des proportions considérables. Du reste, si nous parcourons l'histoire, nous constatons toujours le peu de succès obtenu par ceux qui ont voulu opprimer le peuple espagnol, si jaloux de son indépendance et de ses droits nationaux.

Dans la défensive comme dans l'offensive, l'Espagnol est un vaillant combattant, prêt à tout sacrifier par amour pour la patrie. Chaque province a bien sa physionomie particulière et son histoire qui lui est propre, mais personne ne peut contester les grands sentiments de devoir et de patriotisme qui ont toujours animé le peuple espagnol pour conserver l'intégrité de son territoire. De là, une homogénéité nationale parfaite, source des traditions glorieuses de l'Espagne.

APPENDICE.

RÉFORMES MILITAIRES PROPOSÉES AUX CORTÈS PAR LE GÉNÉRAL CASSOLA.

Suivant le projet de réorganisation militaire du général Cassola, ancien ministre de la guerre, l'armée de première ligne comprend un total de 300,000 hommes de toutes les armes de combat, dont 105,000 constamment présents sous les armes et répartis comme nous l'expliquerons ci-après.

Le service militaire est obligatoire, le recrutement régional.

Les hommes sont recrutés dans chaque division territoriale et répartis, d'après leurs aptitudes, dans les différentes armes.

L'organisation de l'armée active comporte :

Infanterie :

71 régiments de ligne à 3 bataillons ;
15 bataillons de chasseurs à pied ;
1 régiment de milices des Canaries ;
71 zones de recrutement pour l'infanterie ;
8 écoles de tir.

Cavalerie :

28 régiments de cavalerie active ;
28 régiments de réserve ;
4 établissements de remonte ;
4 dépôt de jumenteries.

Artillerie :

8 régiments d'artillerie divisionnaire à 6 batteries ;

8 régiments mixtes d'artillerie de corps d'armée, composés d'artillerie à cheval, de montagne et de position ;

8 régiments d'artillerie de place et de réserve, dans lesquels sont englobés ceux des dépôts.

Génie (ingénieurs) :

8 bataillons mixtes et de réserve ;
1 régiment de pontonniers ;
1 école spéciale pour les pontonniers.

Troupes d'état-major :

1 brigade de troupes à pied d'état-major ;
8 sections montées de guides.

Train :

1 brigade de troupes d'administration militaire ;
1 brigade d'infirmiers ;
28 compagnies du train.

Cadre des officiers.

Régiment d'infanterie à 3 bataillons :

1 colonel ; 3 lieutenants-colonels ; 4 commandants ; 17 capitaines ; 39 lieutenants ;

Effectif en paix : 863 hommes ;

Effectif en guerre : 2,647 hommes.

Bataillon de chasseurs à pied à 6 compagnies :

1 colonel ; 1 lieutenant-colonel ; 1 commandant ; 9 capitaines ; 20 lieutenants ;

Effectif en paix : 451 hommes.

Effectif en guerre : 1,383 hommes.

Zone de recrutement :

1 colonel ; 1 lieutenant-colonel ; 2 commandants ; 2 capitaines ; 1 lieutenant.

Régiment d'infanterie de réserve (école active) :

1 commandant ; 1 capitaine ; 1 lieutenant.

École régionale de tir :

1 colonel ; 1 commandant ; 2 capitaines ; 1 lieutenant.

Régiment de cavalerie active :

1 colonel ; 1 lieutenant-colonel ; 3 commandants ; 9 capitaines ; 18 lieutenants ;

Effectif en paix : 441 hommes ;

Effectif en guerre : 800 hommes.

Régiments de cavalérie de réserve (numéros impairs) :

1 colonel ; 1 commandant ; 2 capitaines ; 3 lieutenants.

Régiments de cavalerie de réserve (numéros pairs) :

1 lieutenant-colonel ; 2 capitaines ; 2 lieutenants.

Établissement de remonte :

1 colonel ; 1 lieutenant-colonel ; 1 commandant ; 3 capitaines ; 6 lieutenants.

Dépôt de juments.eries :

1 lieutenant-colonel ; 1 commandant ; 3 capitaines ; 6 lieutenants.

Régiment d'artillerie divisionnaire :

1 colonel ; 1 lieutenant-colonel ; 2 commandants ; 11 capitaines ; 21 lieutenants.

Régiment de corps d'armée ou de siège :

1 colonel ; 1 lieutenant-colonel ; 2 commandants ; 11 capitaines ; 22 lieutenants.

Régiment d'artillerie de place :

1 colonel ; 1 lieutenant-colonel ; 10 capitaines ; 21 lieutenants.

Bataillon mixte d'ingénieurs (génie) :

1 lieutenant-colonel ; 1 commandant ; 8 capitaines ; 14 lieutenants.

Régiment de pontonniers :

1 colonel ; 1 lieutenant-colonel ; 2 commandants ; 8 capitaines ; 14 lieutenants.

École des services spéciaux :

1 colonel ; 1 commandant ; 12 capitaines ; 25 lieutenants.

Brigade topographique :

1 colonel ; 1 lieutenant-colonel ; 4 capitaines ; 4 lieutenants.

Répartition, en temps de paix, des 105,000 hommes constamment présents sous les armes.

Infanterie. .	71 régiments de ligne ; 11 bataillons de chasseurs ; 71 régiments de réserve ; 1 académie générale et écoles de tir.	69,591
Cavalerie . .	28 régiments de cavalerie active ; 28 régiments de cavalerie de réserve ; 1 académie, établissements et écoles.	14,131
Train	(Le train est fourni par la cavalerie.)	
Artillerie . .	8 régiments divisionnaires ; 8 régiments de corps ; 1 régiment de siège ; 8 régiments de place ; 9 sections d'ouvriers ; 1 académie d'application.	13,939
Génie. (Corps des ingénieurs.)	4 régiments de sapeurs-mineurs ; 1 régiment de pontonniers ; 1 bataillon de télégraphistes ; 1 bataillon de chemins de fer ; 1 brigade topographique ; 1 académie d'application.	4,608
Administration militaire.	1 brigade divisée en sections	1,660
Santé militaire.	1 brigade divisée en sections	553
Troupes d'état-major.	1 brigade topographique d'ouvriers ; 8 compagnies montées de guides, estafettes, ordonnances, etc.	514
		101,996

Répartition, en temps de guerre, des 300,000 hommes de troupes de première ligne.

Infanterie	213,195
Cavalerie	26.124
Artillerie.	27,819
Train	5,261
Ingénieurs (Génie)	9,198
Administration militaire	3,221
Santé militaire	1,107
État-major	1,009
	286,977
Reste à répartir	13,023
	300,000

Répartition des officiers dans chacune des principales armes.

	COLONELS.	LIEUTENANTS-COLONELS.	COMMANDANTS.	CAPITAINES.	LIEUTENANTS.
Infanterie.	165	299	520	1,571	3,219
Cavalerie.	46	50	106	332	862
Artillerie.	25	25	12	267	584
Ingénieurs	3	11	11	88	155

Projet d'un plan général de quartiers de troupes.

Division territoriale.

La Péninsule se divise, suivant le projet à l'étude, en 8 régions ; et les îles adjacentes, ainsi que les possessions d'Afrique, en 3 capitaineries générales, d'après le tableau ci-après :

1er District. — Les provinces de Madrid, Tolède, Ségovie, Avila, Valladolid, Zamora, Salamanca et Cacérès.

2e District. — Les provinces de Barcelone, Gérone, Lérida, Tarragone (moins la partie de Gandesa) et Castellon (moins la partie de Morella).

3e District. — Les provinces de Saragosse, Huesca, Téruel, Soria, Guadalajara, Cuenca, Logroño (moins les parties de Haro et de Santo-Domingo de la Calzada, et enfin, les parties de Morella, Gandesa, Sala de Infantes et Tudela.

4e District. — Les provinces de Guipuzcoa, Biscaye, Alava, Palencia, Santander, Navarre (moins la partie de Tudela), Burgos (moins la partie de Sala de Infantes), les Asturies (moins les parties de Cangas de Tineo, Castropol et Luarca) et enfin, les parties de Haro, Santo-Domingo de la Calzada, Riano et Lavecilla.

5e District. — Les provinces de la Corogne, Lugo, Orense, Pontevedra, Léon (moins les parties de Lavecilla et de Riano et, enfin, les parties de Cangas de Tineo, Castropol et Luarca.

6e District. — Les provinces de Cadix, Huelva, Badajoz, Séville (moins la partie de Estepa) et Malaga (moins la partie de Torrox).

7e District. — Les provinces de Cordoue, Grenade, Ciudad-Real, Jaën (moins la partie de Siles), Almeria (moins la partie de Velez-Rubio) et, enfin, les parties de Torrox et de Estepa.

8e District. — Les provinces de Valence, Alicante, Murcie, Albacète, et enfin, les parties de Velez-Rubio et de Siles.

Capitainerie générale des Baléares. — Toutes les îles de ce groupe.

Capitainerie générale des Canaries. — Toutes les îles de ce groupe, ainsi que les possessions espagnoles de la côte occidentale d'Afrique.

Capitainerie générale d'Afrique. — Les possessions espagnoles de la côte septentrionale d'Afrique, où sont les places de Ceuta, Melilla, Chafarinas, Alhucemas et Peñon.

Les colonies d'outre-mer continueront à former 3 capitaineries générales : Cuba, Puerto-Rico et les Philippines.

Cette nouvelle division territoriale donne donc l'organisation défensive suivante : en cas d'invasion du côté des Pyrénées, 3 régions en première ligne, 3 en seconde, et 2 en troisième, avec Cadix pour point d'appui ;

En cas d'invasion par la Méditerranée, 3 régions en première ligne, 3 en seconde, et 2 en troisième, avec le Ferrol pour point d'appui ;

En cas d'invasion du côté du Portugal, 3 régions en première ligne, 3 en seconde, et 2 en troisième, avec Carthagène et Barcelone pour points d'appui.

Répartition des troupes sur le territoire.

UNITÉS ORGANIQUES.	DISTRICTS.								CAPITAINERIES GÉNÉRALES.			TOTAUX.
	1er	2e	3e	4e	5e	6e	7e	8e	Baléares.	Canaries.	Afrique.	
Régiments d'infanterie de ligne	8	8	8	8	8	8	8	8	3	»	4	71
Bataillons de chasseurs à pied	1	2	2	2	1	1	1	1	»	»	»	11
Régiments de cavalerie	12	2	2	2	2	2	2	2	1	»	1	28
Régiments d'artillerie divisionnaire	1	1	1	1	1	1	1	1	»	»	»	8
Régiments d'artillerie de corps	1	1	1	1	1	1	1	1	»	»	»	8
Régiments d'artillerie de siège	1	»	»	»	»	»	»	»	»	»	»	1
Régiments d'artillerie de place	»	1	1	1	1	1	»	1	1	»	1	8
Régiments de sapeurs-mineurs	1	1	»	1	»	1	»	»	»	»	»	4
Régiments de pontonniers	»	»	1	»	»	»	»	»	»	»	»	1
Bataillon de télégraphistes	1	»	»	»	»	»	»	»	»	»	»	1
Bataillon des chemins de fer	1	»	»	»	»	»	»	»	»	»	»	1
Brigade topographique d'ingénieurs	»	»	1	»	»	»	»	»	»	»	»	1
Sections d'administration	1	1	1	1	1	1	1	1	»	»	»	8
Sections de santé	1	1	1	1	1	1	1	1	»	»	»	8
Brigade d'ouvriers de l'état-major	1	»	»	»	»	»	»	»	»	»	»	1
Compagnies de courriers, guides et ordonnances	1	1	1	1	1	1	1	1	»	»	»	8

Emplacement des troupes.

DISTRICTS.	QUARTIERS.	Rég. d'inf. de ligne.	Bat. de chasseurs à pied.	Rég. de cavalerie.	Rég. d'art. divisionnaire.	Rég. d'art. de corps.	Rég. d'art. de siége.	Rég. d'art. de place.	Rég. de sapeurs-mineurs.	Rég. de pontonniers.	Bat. de télégraphistes.	Bat. de chemins de fer.
1er.	Madrid, Leganos, Carabanchel et Alcala.	4	4	6	1	1	1	»	1	»	1	1
	Valladolid, Salamanca	2	»	6	1	1	»	»	»	»	»	»
	Ciudad-Rodrigo, Cacérès. . . .	1	»	»	»	»	»	»	»	»	»	»
2e.	Barcelone, Tarragone, Tortosa.	4	2	2	1	1	»	1/2	1	»	»	»
	Gérine, Figueras, Lérida. . . .	4	»	»	»	»	»	1/2	»	»	»	»
3e.	Saragosse, Barbastro, Monzon, Méquinenza, Logroño	4	2	2	1	1	»	»	»	1	»	»
	Jaca, Huesca, Soria, Guadalajara, Teruel, Morella.	1	»	»	»	»	»	1	»	»	»	»
4e.	Burgos, Gijon, Vitoria, Bilbao, Santona, Santander	4	2	2	1	1	»	1/2	1	»	»	»
	Pampelune, Saint-Sébastien, Palencia.	4	»	2	»	»	»	1/2	»	»	»	»
5e.	La Corogne, Ferrol, Santiago, Lugo	4	1	»	»	»	»	1/2	»	»	»	»
	Vigo, Pontevedra, Orense, Tuy.	4	»	»	»	»	»	1/2	»	»	»	»
6e.	Séville, Huelva, Ajamonte, Malaga.	2	1	2	1	1	»	»	1	»	»	»
	Cadix, Algéciras, Tarifa, Jerez, San-Roque	4	»	»	»	»	»	1/2	»	»	»	»
	Badajoz, Mérida, Zafra.	2	»	»	»	»	»	1/2	»	»	»	»
7e.	Cordoue.	1	1	2	»	1	»	»	»	»	»	»
	Grenade, Alméria, Motril . . .	2	»	»	1	»	»	»	»	»	»	»
8e.	Valence, Albacète, Alicante . .	4	1	2	1	1	»	»	»	»	»	»
	Carthagène, Murcie	4	»	»	»	»	»	1	»	»	»	»
Baléares. .	Palma de Mollorca, Cabrera . .	2	»	2	»	»	»	1/2	»	»	»	»
	Mahon.	1	»	»	»	»	»	1/2	»	»	»	»
Canaries .	Santa-Cruz de Tenerife, Palmas.	»	»	»	»	»	»	»	»	»	»	»
Afrique. .	Ceuta.	2	»	1	»	»	»	1/2	»	»	»	»
	Melilla, Chafarinas, Peñon, Alhucemas.	2	»	»	»	»	»	1/2	»	»	»	»

NOTA. — Les sections d'administration et de santé, ainsi que les compagnies d'ordonnances de l'état-major sont réparties respectivement dans les factoreries, hôpitaux et capitaineries générales. — Les brigades de topographie sont mobiles. — Les jumenteries resteront à Jerez de la Frontera, Cordoue, Valladolid et Baeza ; les remontes, à Cordoue, Jerez de los Caballeros et Ubeda ; et l'école des maréchaux-ferrants, à Alcala. — Les régiments d'artillerie divisionnaire et de corps du 5e district (Galice) passeront au 1er (Castille), pour les besoins du service. — Pour les mêmes motifs, les régiments de cavalerie du 5e district passeront au 1e. — Comme au 1er district il n'y a pas d'artillerie de place pour Ciudad-Rodrigo, le 4e district fera le service. — Une brigade d'artillerie du 7e district tiendra garnison à Cacérès, quand sera fait le camp retranché. — Le régiment d'artillerie de place d'Afrique détachera aux Canaries 2 compagnies qui tiendront garnison avec les milices du pays. — Quand les milices seront organisées aux Baléares comme aux Canaries, la garnison actuelle passera en Afrique.

Nancy, impr. Berger-Levrault et Cie.

www.ingramcontent.com/pod-product-compliance
Ingram Content Group UK Ltd.
Pitfield, Milton Keynes, MK11 3LW, UK
UKHW022118190726
13855UKWH00003B/941